NOTIONS TECHNIQUES

SUR

LA PROPRIÉTÉ

EN CHINE

AVEC UN CHOIX D'ACTES

ET

DE DOCUMENTS OFFICIELS

(Deuxième édition)

PAR

LE P. PIERRE HOANG.

—◦◦◦◦◦◦—

IMPRIMERIE DE L'ORPHELINAT DE T'OU-SÈ-WÈ

ZI-KA-WEI — CHANG-HAI.

—

1920.

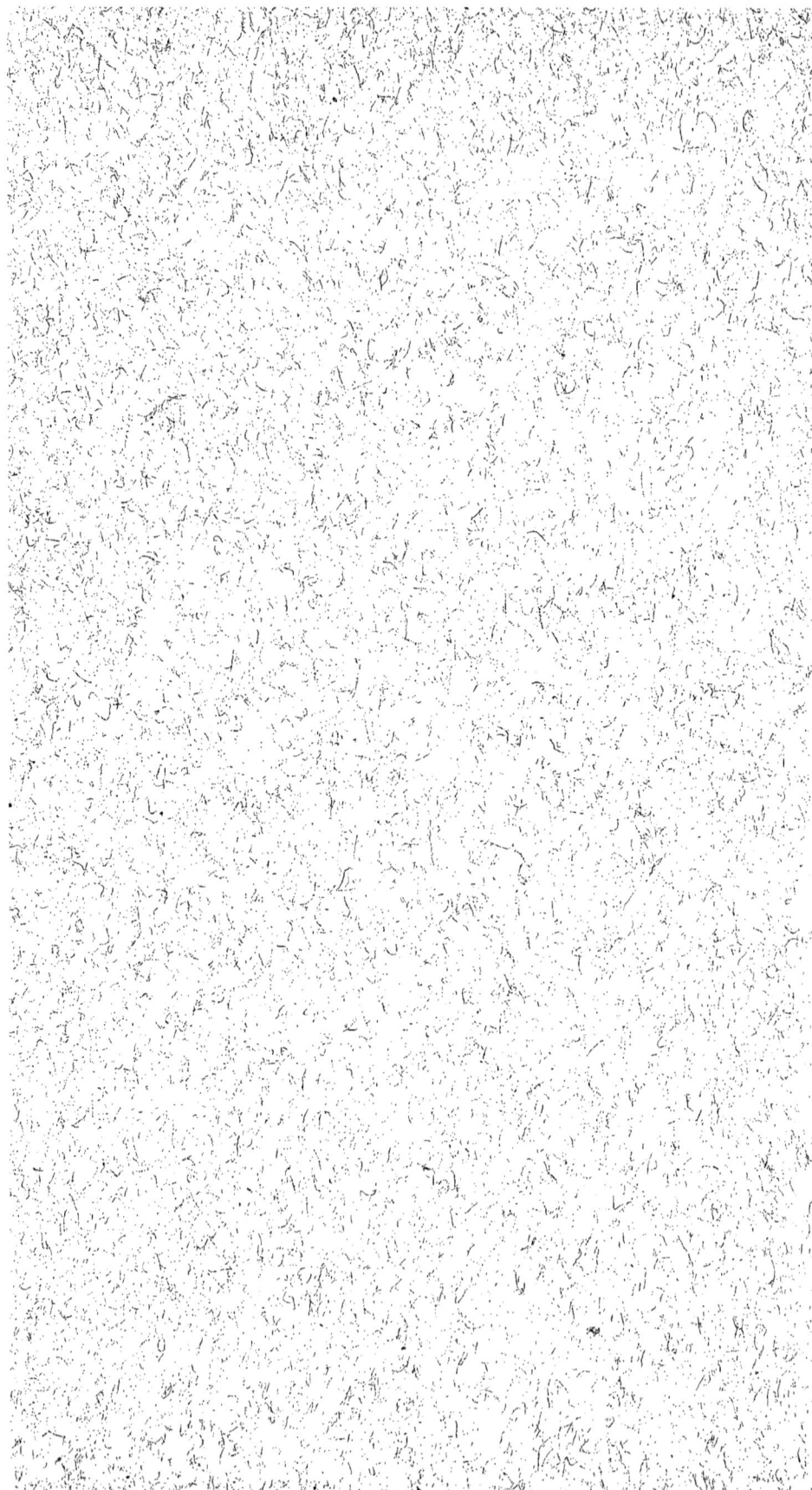

VARIÉTÉS SINOLOGIQUES N° 11.

NOTIONS TECHNIQUES

SUR

LA PROPRIÉTÉ

EN CHINE

AVEC UN CHOIX D'ACTES

ET

DE DOCUMENTS OFFICIELS

(Deuxième édition)

PAR

LE P. PIERRE HOANG.

———◇◆◇◆◇———

IMPRIMERIE DE L'ORPHELINAT DE T'OU-SÈ-WÈ

ZI-KA-WEI — CHANG-HAI.

—

1920.

C.

PRÉFACE.

L'ouvrage que nous présentons aujourd'hui aux lecteurs des Variétés n'est pas tout à fait nouveau. Déjà en *1882*, pour répondre aux désirs des missionnaires de ce Vicariat de Nankin, nous avions recueilli, dans divers livres et manuscrits chinois, des modèles d'actes de contrat et autres documents, qui pouvaient leur être utiles dans l'administration des biens de leurs districts, et nous en avions composé un livre en chinois, dont nous leur avions fait hommage (1). Son intelligence supposant plusieurs connaissances relatives à la propriété légale, nous publiâmes la même année un opuscule en latin : De Legali Dominio. Nous disions dans la préface : « Notre intention est de ne toucher dans cet opuscule qu'aux dispositions des lois qui se rapportent à notre sujet (sans les citer cependant), et, parmi les coutumes et usages, de ne présenter que ceux qu'on regarde comme généraux, omettant les cas particuliers qui se produisent parfois à raison de circonstances spéciales. »

L'opuscule tomba entre les mains de quelques membres du N. C. Royal Asiatic Society, qui trouvèrent opportun de publier dans leur Journal, avec notre approbation, quelques articles (2). Ce succès inespéré nous a stimulé à augmenter l'utilité de cet opuscule latin, en y ajoutant des Appendices ;

---

(1) Ce livre en quatre-vingt-quatorze feuilles, intitulé 契券彙式 K'i-k'iuen-wei-che, et imprimé à l'Orphelinat de T'ou-sè-wè, contenait 58 modèles de divers contrats de vente, location, hypothèque, etc., 12 formules ou fac-similé de forme et grandeur naturelles, et une dizaine de paragraphes, concernant les honoraires des entremetteurs, témoins, secrétaires etc., pour les contrats.

(2) Cf. Journal of the China Branch of the R. As. Soc. for the year 1888 (vel. XXIII, pp. 118-143).

et de fait, en 1891, nous en avons publié le premier (1), complétant surtout ce qui se rapporte au transfert de nom du propriétaire après une vente, et à la confirmation officielle des contrats de vente.

L'édition de ces divers ouvrages étant épuisée, et de nouvelles demandes arrivant continuellement, nous en avons entrepris une édition française. Nous y avons fondu dans le texte ce qui était exposé dans l'Appendice (2). Parmi les modèles de documents nous en avons laissé de côté quelques-uns qui étaient moins importants, et nous avons reproduit par la photolithographie, un peu diminuées, quelques-unes des formules indiquées plus haut.

La traduction du texte latin a été faite par le P. J. Bastard, et celle des textes chinois, par le P. J. Tobar. Que ces Pères, qui ont bien voulu pour notre avantage sacrifier le peu de loisir que leur laissent leurs occupations, reçoivent ici le témoignage de notre très sincère reconnaissance.

Zi-ka-wei, le 29 Juin 1897, en la fête des Saints Apôtres Pierre et Paul.

---

(1) *Appendix prima ad opusculum De Legali Dominio, Zi-ka-wei,* 1891.

(2) Pour ne pas changer l'ordre des numéros de l'édition latine, on a ajouté de petites lettres à côté des numéros 38, 47 et 61, auxquels l'Appendice se rapporte.

PREMIÈRE PARTIE.

NOTIONS TECHNIQUES.

ARTICLE I.

CONFECTION DES ACTES.

—➤≡·✳·≡◄—

1. Le code chinois ne prescrit aucune formule qui soit de rigueur pour la validité des contrats; les variantes qu'ils admettent suivant les lieux n'offrent pas de grandes difficultés, car les expressions techniques qui définissent le contrat sont partout les mêmes. Avec une connaissance exacte des formules usitées dans une contrée, on s'initiera vite aux coutumes particulières des autres régions, et on n'aura nulle peine à s'y conformer au besoin.

2. Les nombres s'écrivent en chiffres majuscules: 1 *i* 壹, 2 *eul* 貳, 3 *san* 叁, 4 *se* 肆, 5 *ou* 伍, 6 *lou* 陸, 7 *ts'i* 柒, 8 *pa* 捌, 9 *kieou* 玖, 10 *che* 拾, et non en minuscules 一 二 三 四 五 六 七 八 九 十, trop faciles à altérer. 10 s'écrit « une dizaine », non pas simplement « dix »; exemple: 10,000...,11,000: *i che ts'ien* 壹 拾 千 « une dizaine de mille »..., *i che i ts'ien* 壹 拾 壹 千 « dix fois et une fois mille », non pas simplement *che ts'ien, che i ts'ien.*

3. Au bout des expressions numérales non suivies immédiatement d'autres caractères, on écrit *tcheng* 正 ou 整 pour clore le nombre et rendre impossible toute addition frauduleuse. Ex. 100 onces: *i pé liang tcheng* 壹 百 兩 正; 10 arpents: *i che meou tcheng* 壹 拾 畝 正.

4. La lettre *ling* 零, qui d'ordinaire figure comme notre zéro à l'intérieur des nombres sera omise. Ex.: 1 020 *i ts'ien ling eul che* 一 千 零 二 十 s'écrira *i ts'ien eul che* 壹 千 貳 拾; de même 1 once 002: *i liang eul li* 壹 兩 貳 釐.

5. Si, en dressant un acte, on a oublié une ou deux lettres, on le recommence, quand cela est facile; sinon les lettres passées peuvent être intercalées à leur place entre les lignes. Dans ce dernier cas, au bas de la pièce on ajoute une note désignant les lettres qui ont été insérées de la sorte, et au-dessous de cette note l'auteur de l'acte appose sa signature.

6. Il est très important de désigner en détail toutes les matières du contrat, d'en spécifier toutes les conventions sans aucune amphibologie, et d'en exprimer les clauses en termes officiels et techniques.

7. Il n'importe pas moins d'indiquer clairement sur l'acte les limites du fonds acquis.   Si ce fonds est enclavé et n'a d'autre issue sur la voie publique qu'un passage appartenant à un autre propriétaire, bien que soumis jusqu'alors à une servitude, on écrira sur l'acte *tch'ou jou yeou meou tch'ou lou* 出 入 由 某 處 路 «accès par le passage de tel côté», et on invitera le propriétaire en question à signer parmi les témoins, pour lui ôter la possibilité d'arrondir dans la suite sa propriété en y englobant ce passage. S'il refuse de signer, c'est au vendeur à revendiquer cette servitude existant jusqu'alors en vertu d'un long usage et d'un consentement mutuel; à lui d'exhorter ou de forcer le propriétaire à signer selon la coutume. Si la propriété contiguë, par ex. à l'est du terrain vendu, appartient au même vendeur, on écrit sur l'acte *tong tche yuen yé* 東 至 原 業 «à l'est, attenant à la propriété du vendeur» ou bien, *tong tche chou tsou* 東 至 數 足 «à l'est, jusqu'à la distance voulue», c.-à-d. que le lot vendu peut s'étendre vers l'est autant qu'il est nécessaire pour fournir la quantité vendue, ce côté de l'est étant supposé appartenir au vendeur.

Si le terrain contigu, par ex. à l'ouest du lot vendu, appartient à l'acheteur, on écrit *si tche té yé* 西 至 得 業 « à l'ouest jusqu'à la propriété de l'acquéreur ». Si la limite est au milieu d'un cours d'eau, on inscrit *pan ho* 半 河 ; si elle se trouve au milieu d'une rue, on inscrit *pan kiai* 半 街 on *tch'ou kiai* 出 街 «empiétant sur la rue».

8. Quand la limite est au milieu d'une rue, on plante la borne sur le bord de la rue et on écrit dessus *tch'ou kiai kiai* 出 街 界 «la ligne séparative (des deux propriétés contiguës) est au milieu de la rue»; on n'écrit pas sur la pierre la lettre *tch'ou* 出 «s'étendant au delà», quand la borne est plantée sur la limite réelle. On fixe la borne de façon que l'inscription regarde la propriété contiguë, à moins qu'on n'en soit empêché par le mur du propriétaire voisin. Si l'on ne peut commodément faire le bornage à l'aide de pierre, on y substitue le *kiai hoei* 界 灰 «marque à la chaux»: à cet effet, on enfonce dans la terre un pieu assez long, puis on le retire et on replit le trou avec de la chaux. Sur les actes, ou du moins dans «*l'inventaire*» (Cf. n. 13), on note la place des bornes en chaux, qui étant enfouies sous terre, ne paraissent pas à l'extérieur. La pose des signes de démarcation se fait devant des agents publics *t'ou-chou* 圖 書 ou *pao-tcheng* 保 正, (Cf. n. 17) qui ont dû prévenir à l'avance les propriétaires voisins.

9. Si le terrain est séparé d'un cours d'eau qui lui sert pour l'irrigation ou pour l'écoulement, la noria ou machine hydraulique

choei-tch'é 水 車, devra alors être placée sur la propriété d'autrui, et les eaux qu'on puisera ou qu'on déversera, passeront sur les fonds intermédiaires. Cette servitude d'irrigation et d'écoulement doit être stipulée sur les pièces; on notera l'emplacement de la noria, le propriétaire de cet emplacement, la coutume jusqu'alors en vigueur qui l'autorise, les canaux d'alimentation et de déversement, le propriétaire du terrain, les propriétaires des terrains traversés, le parcours que suivra l'eau pour s'y rendre. (Souvent le canal où l'on puise l'eau et celui où on la déverse ne sont pas les mêmes, vu la différence de niveau des champs.) On invitera tous ces propriétaires voisins à signer parmi les témoins, pour parer aux difficultés à venir.

10. A *Song-kiang* 松 江, à *Tch'ong-ming* 崇 明 et ailleurs, on vend avec la permission des autorités locales des formulaires imprimés et disposés pour recevoir, avec les noms des contractants et des témoins, la désignation de la matière du contrat. Ces formulaires peuvent servir : ils contiennent tout ce qui est absolument requis. Ils ont toutefois l'inconvénient d'être tirés, le plus souvent, sur papier trop mince, et de n'offrir que des blancs insuffisants pour les déclarations, explications et clauses utiles ou même nécessaires. Mieux vaut donc tout écrire, sur papier solide, selon les formules généralement employées, lesquelles sont aussi prudentes et prévoyantes que possible (1).

11. Les formulaires mis en vente à *Hoai-ngan* 淮 安, à *Ou-ho* 五 河, et ailleurs, sont imprimés sur papier plus solide et en forme plus solennelle : mais l'impression en est fort défectueuse, parfois illisible en majeure partie. Dans ces endroits l'usage de telles formules a prévalu, non pas à ce point pourtant qu'on n'y trouve aussi des contrats entièrement manuscrits.

12. Il est sans doute plus facile de remplir un formulaire imprimé : encore faut-il s'y connaître, et on ne confiera pas aux instituteurs de village la confection de ces pièces : en remplissant les blancs, ils commettent des bévues qu'ils défendent en s'autorisant de la coutume.

13. Les familles riches qui ont de nombreuses propriétés, en dressent ordinairement deux inventaires qui s'appellent *tche-tch'an-pouo* 置 產 簿. Sur l'un d'eux on transcrit en entier tous les actes, et l'on signale toutes les circonstances notables, qui se présentent au moment même du contrat, ou dans la suite. Dans l'autre on se contente d'inscrire quelques extraits des actes, en notant brièvement les circonstances. Ce sommaire est conservé avec les pièces authentiques aux archives de la famille; l'inventaire complet est gardé dans un autre lieu sûr, afin que tous deux ne puissent périr en même cas.

---

(1) La second Partie de cet ouvrage donnera, avec leur traduction, un certain nombre de ces formules pour les différents genres de contrats.

ARTICLE II.

DIFFÉRENTES DÉNOMINATIONS.

—✻—

14. Le vendeur sur les actes est appelé *mai-tchou* 賣主 «propriétaire vendant», ou *che-tchou* 失主 «propriétaire perdant», ou *k'i-tchou* 棄主 «propriétaire abandonnant», ou *yuen-tchou* 原主 «premier propriétaire,» ou *yuen-yé-tchou* 原業主 «premier propriétaire de la chose.»—L'acheteur s'appelle *mai-tchou* 買主 «propriétaire achetant,» ou *té-tchou* 得主 «propriétaire acquérant,» ou *yé-tchou* 業主 «propriétaire de la chose.» — Si l'acheteur revend à un autre, le premier vendeur par rapport au dernier acheteur est dit *chang-cheou-yuen-tchou* 上首原主 «propriétaire initial,» et le dernier acheteur par rapport au premier vendeur est dit *hien-yé-tchou* 現業主 «propriétaire actuel de la chose.» Celui qui, livrant une chose par *antichrèse* (Cf. n. 22), en cède le fruit et l'usufruit pour solder un intérêt légal, s'appelle *tch'ou-tien-tchou* 出典主 «propriétaire livrant en nantissement», et comme il garde encore le domaine *ad rem* on l'appelle aussi *yé-tchou* 業主 «propriétaire de la chose»; mais parce qu'il a perdu le domaine *in re* on l'appelle *yuen-tchou* 原主 «l'ancien propriétaire». L'antichrésiste s'appelle *tien-tchou* 典主 « propriétaire recevant en nantissement», ou encore «*hien-yé-tchou*» 現業主 «propriétaire actuel de la chose».

15. Celui qui écrit l'acte s'appelle *tai-pi* 代筆 «écrivant pour un autre». Il signe à la fin avec ce titre de *tai-pi* 代筆. L'usage est que ce secrétaire soit désigné par le vendeur; l'acheteur a cependant le droit d'exiger qu'on choisisse un homme probe et versé dans la matière. Si le vendeur écrit lui-même l'acte, il signe de nouveau à la fin, ajoutant le titre *tse-pi* 自筆 ou *tse-chou* 自書 «écrivant de sa propre main»; si c'est son fils qui écrit, il signe avec le titre de *tse-pi* 子筆 «fils écrivant».

16. Les entremetteurs qui ont amené la conclusion du contrat entre le vendeur et l'acheteur, s'appellent *yuen-tchong* 原中 « les premiers intermédiaires». Les autres, qui sont invités à signer comme témoins, s'appellent *san-tchong* 散中 « intermédiaires divers ». Le principal témoin, qui est ordinairement choisi parmi les proches parents du vendeur, par ex. son frère, son oncle, son neveu, s'appelle *kien-mai* 見賣 «témoin oculaire de la vente».

17. L'agent public, qui veille à l'ordre d'un district, s'appelle *siao-kia* 小甲; en certains endroits on l'appelle aussi *ti-pao* 地保; il est de basse condition.—L'agent, qui s'occupe des propriétés foncières et de la perception du tribut impérial, s'appelle *t'ou-chou* 圖 書 ; ailleurs on l'appelle encore *king-tsao* 經 造, et *ti-pao* 地 保 ; il est de condition moyenne. A la campagne souvent un seul cumule ces deux offices, on l'appelle *pao-tcheng* 保 正.—Le satellite d'un sous-préfet qui réside dans un district pour presser l'acquittement de l'impôt, s'appelle *t'ou-tch'ai* 圖 差 ou *liang-tch'ai* 糧 差. — L'employé du tribunal chargé de confectionner les *quittances* de l'impôt et d'inscrire le nom du propriétaire sur les registres (Cf. n. 32) s'appelle *tch·é-chou* 冊 書, ou *pien-chou* 編 書. — L'employé chargé de la *confirmation des contrats* (Cf. n. 61) s'appelle *choei-tch'eng* 稅 承.—L'agent, chargé par le sous-préfet de la perception générale de l'impôt, s'appelle *ts'ao-tsong* 漕 總, ou *tsong-chou* 總 書 (1). Celui à qui incombe l'arpentage s'appelle *t'ing-ki* 亭 耆 ou *kong-cheou* 弓 手. — Le préposé aux plans des champs, des routes, des cours d'eaux, s'appelle *hoei-t'ou* 繪 圖.

18. A *Hoai-ngan* 淮 安, *Ou-ho* 五 河 et autres endroits, certains individus obtiennent des magistrats locaux le droit d'être arbitres d'office dans les contrats. Ils font en quelque sorte métier d'intervenir entre le vendeur et l'acheteur de terrains ou de maisons, et s'appellent en conséquence *fang-ti-hang* 房 地 行 « agents de vente de maisons et de terrains» ou bien *koan-ya* 官 牙 «agence patentée». Ils apposent sur les actes de vente leur signature ou leur petit sceau particulier, et souvent ils s'adjugent entièrement les cadeaux faits par l'acheteur aux entremetteurs et aux témoins ; il en résulte que les autres entremetteurs et témoins dont on a inscrit les noms sur les actes refusent de signer et par suite ne sont pas tenus de comparaître en cas de litige (2).

---

(1) En l'an 7 de l'Empereur *T'ong-tche* 同 治 (1868), le gouverneur du *Kiang-sou* 江 蘇 *Ting Je-tch'ang* 丁 日 昌 envoya une circulaire à tous les sous-préfets, leur défendant à l'avenir d'établir des collecteurs généraux de l'impôt avec le titre de *ts'ao-tsong* 漕 總 ou de *tsong chou* 總 書 ou autre semblable ; parce qu'ils ont coutume de vexer le peuple en recueillant le tribut.

(2) Sur la manière dont l'acheteur doit répartir ses cadeaux entre témoins et intermédiaires divers, et sur la somme qu'il convient d'offrir, on trouvera des renseignements dans la seconde Partie de cet ouvrage.

ARTICLE III.

DIFFÉRENTES ESPÈCES DE TRANSFERT

DE LA PROPRIÉTÉ.

—➝≕⊷ ⁕ ⊶≕←—

19. Le *tsiué-mai* 絕賣 ou *tou-tsiué* 杜絕 «vente irrévocable» est un contrat par lequel le vendeur renonce au droit de racheter. Pour qu'une vente soit juridiquement reconnue comme «irrévocable», la loi prescrit que dans l'acte soient apposées les formules *tsiué-mai, yong pou hoei-chou* 絕賣, 永不回贖 «vente irrévocable, on ne rachètera jamais».

20. Le *houo-mai* 活賣, «vente révocable», ou «vente à réméré», est un contrat par lequel le vendeur se réserve le droit de racheter (1). Évidemment le prix de vente est alors moins élevé. La loi prescrit que dans ces sortes de contrats on appose (sur les actes) les formules *houo-mai, tchoen t'ié-tchao hoei-chou* 活賣, 准貼找回贖 «vendu *révocablement,* avec droit au supplément du prix ou au rachat de la chose». De plus, la loi prescrit de mentionner le terme au bout duquel peut s'exercer la faculté de rachat. Si le vendeur ne rachète pas, l'acheteur peut jouir de la chose au delà du temps statué.

21. Dans le cas de contrats équivoques où l'on aurait omis les clauses susdites, de sorte qu'il fût impossible de distinguer le genre de vente, *révocable* ou *irrévocable,* dont on était convenu, la loi tranche ainsi la difficulté : si trente ans se sont déjà écoulés depuis l'époque du contrat, la vente est jugée *irrévocable,* et le vendeur ne peut ni exiger le supplément du prix ni racheter; si, au contraire, il n'y a pas encore trente ans, la vente est déclarée *révocable.*

22. Le *tien-tang* 典當 (vulgairement *tien-ya* 典押 ou *houo-tien* 活典) «antichrèse» est un contrat par lequel un propriétaire livre un bien immeuble en gage contre une somme d'argent, avec faculté pour le créancier d'en percevoir les fruits en guise d'intérêt, jusqu'à ce que le propriétaire débiteur le rachète en rendant l'argent. Ce pacte d'*antichrèse* a cela de commun avec une *vente révocable,* que celui qui a livré la chose en gage se réserve le droit d'exiger le supplément

---

(1) La faculté de réméré s'appelle *t'ien-ken* 田根 «*racine du fonds*»: celui qui a vendu une [terre à réméré est dit retenir encore la «*racine du fonds*» et celui qui l'a achetée est dit posséder seulement la «surface du terrain» *t'ien-mien* 田面.

du prix de l'immeuble ou de le racheter au temps fixé par le contrat.
Mais il en diffère, en ce que la loi défend de stipuler dans *l'antichrèse,*
pour la faculté de rachat, un terme excédant dix ans. Au bout de
dix ans, si le rachat n'a pas lieu, *l'antichrèse* doit être remplacée par
un contrat de vente.

23. Le pacte *tien-tang* 典當 «antichrèse» diffère du pacte *ti-ya*
抵押 «hypothèque». Dans *l'antichrèse* le débiteur livre la chose et
ne paie pas d'intérêt pour l'argent emprunté; le créancier jouit de la
chose et en perçoit les fruits en guise d'intérêt. Dans *l'hypothèque,*
le débiteur garantit le paiement intégral de sa dette sur le prix de
l'immeuble, il ne cède rien, et il paie l'intérêt; le créancier n'a pas le
fruit ni l'usufruit de l'objet; mais si l'argent prêté ne lui est pas
remboursé, il a droit de se faire payer sur le prix des biens immeubles inscrits en caution de sa créance.

24. Pour le pacte d'*antichrèse,* d'ordinaire les deux contractants
se livrent réciproquement un écrit. L'acte signé par le débiteur,
s'appelle *tien-tang tcheng k'i* 典當正契 «acte principal d'antichrèse»;
l'acte signé par le créancier mis en possession de l'immeuble, s'appelle *tien-tang fou k'i* 典當副契 «acte accessoire» (1).

25. Le *kia-tchao* 加找 «réception subséquente du complément
du prix» est un contrat par lequel un propriétaire d'un immeuble
déjà vendu à *réméré* ou mis en *antichrèse,* reçoit de l'acheteur ou du
créancier le complément de la valeur, sans cependant vendre *irrévocablement.* La demande de ce complément doit se faire à l'échéance
du temps fixé pour le rachat. Dans ce second acte, *kia-tchao k'i* 加
找契, signé par celui qui reçoit le complément du prix, on inscrit la
durée du terme stipulé par le nouveau contrat, à l'échéance duquel
le rachat pourra s'opérer, on y inscrit aussi la clause *t'ing chou pou
tchao* 聽贖不找 «faculté de rachat sans plus exiger le complément
du prix.» Par cette clause le vendeur, tout en se réservant son droit
de rachat, s'engage à laisser l'objet à l'acquéreur jusqu'au rachat ou
à la *vente irrévocable,* sans exiger un nouveau complément de prix.
En outre cette réception du complément de prix et le délai du terme
convenu sont inscrits à la fin du premier acte de vente ou d'*antichrèse.*

26. Si le possesseur actuel de l'immeuble acheté à *réméré* ou
tenu en *antichrèse* refuse le complément du prix au premier propriétaire, celui-ci a le droit de livrer l'immeuble à un tiers pour un prix
supérieur et de payer au second propriétaire le montant de sa dette.
Si le second propriétaire a besoin d'argent, il lui est permis de vendre
révocablement l'objet à un autre ou de le mettre en *antichrèse* au prix
qu'il a donné lui-même : au même prix, car s'il exigeait davantage, le
premier propriétaire devrait verser pour le rachat plus qu'il n'a reçu,

---

(1) Le *tcheng k'i* 正契 porte aussi le nom de *chang k'i* 上契 ; et le *fou
k'i* 副契 celui de *hia k'i* 下契.

ce qui ne serait pas juste. Le second propriétaire peut néanmoins céder l'objet à un tiers pour une somme moindre, et cela se fait quand personne n'en veut au premier prix. Dans ce cas, quand ensuite le premier propriétaire rachète l'objet, le second reçoit la différence des deux prix, à moins qu'il n'ait cédé au dernier acquéreur, par la remise des premiers titres, le droit de la recevoir. L'objet une fois ainsi entre les mains d'un tiers, celui-ci devra solder le complément du prix, si le premier vendeur l'exige. Mais d'après la loi, le premier propriétaire ne peut sans en prévenir d'abord le second propriétaire, s'adresser directement au troisième, soit pour exiger le complément du prix, soit pour racheter l'objet.

27. Le rachat d'un objet vendu à réméré ou mis en *antichrèse* s'appelle *hoei-chou* 回 贖. Le premier propriétaire ne peut légalement, sans le consentement du second, racheter l'objet avant l'échéance du terme stipulé. Par contre, le second propriétaire ne peut pas davantage, sous prétexte que le rachat n'a pas été opéré dans le délai prescrit, se refuser à ce rachat et se considérer comme propriétaire irrévocable. Lors du rachat, la chose doit être rendue dans l'état où on l'a reçue, par ex. s'il y a eu des murs renversés ou des objets brisés, la compensation se prend sur le prix de rachat. Quant aux choses ajoutées, elles sont ou bien enlevées par leur propriétaire, ou bien évaluées par des arbitres et vendues au rachetant. Dans plusieurs contrées, lorsque le rachat a lieu dans les trois ans qui suivent le contrat, il est d'usage que le rachetant rembourse au second propriétaire les dépenses que lui avait occasionnées ce contrat, par ex. les cadeaux faits aux entremetteurs. Lors du rachat, le second propriétaire doit rendre au premier tous les titres qu'il a reçus de lui (Cf. n. 97). Si ces titres avaient été égarés, il signerait et remettrait au premier propriétaire des pièces attestant que les premières ont été perdues et que si on vient à les retrouver elles seront sans valeur. Ces nouvelles pièces s'appellent *i-che-k'i-kiu* 遺 失 契 據 «attestation de la perte des titres». De même le premier propriétaire doit rendre au second les pièces *accessoires, fou-k'i* 副 契, s'il en a reçu ; et si ces pièces avaient été égarées, il devrait aussi en signer une nouvelle attestant la perte des premières.

28. Le *kia-tsiué* 加 絕 « vente irrévocable subséquente » est un contrat par lequel une chose déjà vendue *révocablement* ou mise en *antichrèse,* est vendue *irrévocablement,* avec ou sans paiement supplémentaire, qu'on ait ou non réclamé auparavant le complément de prix.

29. La loi défend d'exiger rien de l'acquéreur, après une *vente irrévocable;* mais il est d'usage qu'un vendeur ruiné demande une certaine somme sous forme d'aumône et signe un billet qu'on nomme *t'an k'i-kiu* 嘆 契 據 ou *t'an k'i* 嘆 契 «billet de gémissant» ou *ts'ing-tsié-kiu* 情 借 據 «billet d'emprunt à un prêteur bienveillant». Bien plus, par un abus assez fréquent, le vendeur et ses descendants réduits

à la pauvreté, quand survient une nécessité spéciale, importunent la famille de l'acheteur, pour en extorquer une aumône, comme s'ils y avaient droit. La famille de l'acheteur a coutume d'accéder à leur demande, dans la crainte de plus grandes dépenses qu'entraînerait le recours au juge. Du reste, le juge qui reçoit ces sortes de plaintes commence bien par objurguer ces injustes exacteurs; peut-être même les condamnera-t-il aux verges ou à la férule, mais il finit d'ordinaire par exhorter le plaignant à leur faire l'aumône. Ceux qui reçoivent ce genre d'aumône signent chaque fois un nouveau billet, où ils attestent qu'ils ne réclameront plus. Les propriétaires gardent ces billets pour rendre à l'avenir ces exacteurs moins impudents dans leurs réclamations. L'usage et l'abus susdits n'ont pas lieu, quand l'acheteur appartient à une famille influente dans la contrée.

30. Quand des biens immeubles se vendent *irrévocablement* du premier coup, d'ordinaire à *Sou-tcheou* 蘇州 on ne dresse qu'un seul acte de *vente irrévocable, tou-tsiué-k'i* 杜絕契, conformément à l'édit promulgué la septième année de l'empereur *T'ong-tche* 同治 (1868) par le trésorier général *fan-t'ai* 藩臺. Cet édit défendait d'écrire plusieurs actes pour une seule vente. Mais à *Song-kiang* 松江 et ailleurs, il est d'usage, pour une chose vendue irrévocablement en une seule fois, d'écrire simultanément quatre pièces: le *houo-mai-k'i* 活賣契 «acte de vente révocable», le *kia-tchao-k'i* 加找契 «reçu du complément de prix», le *kia-tsiué-k'i* 加絕契 «acte de vente irrévocable subséquente», et le *t'an-k'i-kiu* 嘆契據 «billet de gémissant» ou le *ts'ing-tsié-kiu* 情借據 «billet d'emprunt à un prêteur bienveillant», et on répartit le prix total sur ces quatre pièces, qui portent chacune une date différente. Le but du trésorier général en prohibant la confection simultanée de plusieurs actes était de couper court à la fraude des acheteurs, qui, en demandant l'enregistrement de leurs contrats (Cf. art. VI), dissimulent la deuxième et la dernière des quatre pièces, et ne les présentent pas au magistrat, diminuant ainsi d'autant la taxe, qui est proportionnelle à la somme inscrite sur les pièces.

31. Le *kiuen kiu* 捐據 «certificat de donation d'immeubles» pour des bonnes œuvres, est licite et valide; cependant il semble préférable que le donateur signe un «certificat de vente irrévocable» et abandonne le prix qu'il devrait toucher; il parera ainsi aux difficultés de plus d'un genre qui pourraient surgir.

ARTICLE IV.

TRANSCRIPTION DU NOM DU PROPRIÉTAIRE

A L'ENREGISTREMENT.

→⇒·＊·⇐←

32. Le *kouo-ko* 過 割 ou *kouo-hou* 過 戶 «substitution du nom
du nouveau propriétaire à celui du propriétaire précédent» est l'acte
par lequel un employé du tribunal, sur la demande du nouveau propriétaire, inscrit le nom de ce dernier ou celui de la communauté
qu'il représente, sur les registres publics, avec l'étendue du terrain, la
section, le district où il est situé, le numéro du lot vendu, et le nom
du vendeur. Le nom du nouveau propriétaire sera désormais inscrit
sur les certificats authentiques ou quittances de l'impôt (Cf. n. 57).

33. Ceux qui ont de nombreuses propriétés, surtout dans le
même district, afin de distinguer plus facilement les quittances pour
chacune de ces différentes terres, ajoutent d'ordinaire à leur nom sur
les registres publics un caractère différent pour chaque propriété, à
la suite duquel on place encore le caractère invariable *ki* 記 «note»;
les quittances, outre le nom du propriétaire, portent ainsi un signe
spécial. L'usage est de prendre ces caractères dans le libelle *Ts'ien-
tse-wen* 千 字 文 où mille lettres diverses sont ingénieusement agen-
cées; on commence par le neuvième (1); par ex. pour une terre on
écrit *Wan-yuen-t'ang je-ki* 萬 原 堂 日 記; pour l'autre, *Wan-yuen-
t'ang yué-ki* 萬 原 堂 月 記; pour la troisième, *Wan-yuen-t'ang yng-ki*
萬 原 堂 盈 記, et ainsi de suite, et dans *l'inventaire des propriétés*
on indique clairement les signes distinctifs attribués à chaque terre.
De la sorte on trouve sans peine la quittance propre de chaque
propriété.

34. Le propriétaire qui omettrait de faire inscrire son nom sur
les registres publics serait puni d'après la loi par la confiscation de
toute la propriété et par des coups de verges ou de bâton plus ou
moins nombreux suivant l'étendue de la propriété. Depuis un arpent
jusqu'à cinq inclusivement, la peine est de 40 coups de verges, et
pour chaque augmentation de cinq arpents on ajoute dix coups,

---

(1) Certains propriétaires commencent par la première lettre; mais alors
ils changent la troisième *hiuen* 玄 en *yuen* 元 par respect pour l'Empereur
K'ang-hi 康 熙, dont le nom était *hiuen* 玄, et la huitième *hoang* 荒 en *fong*
豐, parce que le caractère *hoang* 荒 «stérilité» a un sens néfaste.

savoir 5o coups de verges pour 10 arpents, pour 15 arpents 6o coups
de bâton; pour 20 arpents 70 coups de bâton; pour 25 arpents 8o
coups de bâton; pour 3o arpents 90 coups de bâton; pour 35 arpents
et au delà indéfiniment 100 coups de bâton. L'époque de cette trans-
cription n'est pas fixée dans le code; mais comme elle est prescrite
afin que chaque terre ait son contribuable, et comme en outre les
quittances doivent porter le nom de celui qui paie l'impôt, elle semble
être requise avant que le nouveau propriétaire paie le tribut qui est
exigé trois fois par an (Cf. n. 42, 43).

35. Cet *enregistrement* est prescrit pour tous ceux qui acquièrent une propriété à titre d'achat ou d'*antichrèse;* pratiquement seuls
les propriétaires *irrévocables* accomplissent cette formalité. Pourtant,
si celui qui acquiert une propriété par une vente à *réméré* ou par
antichrèse doute de la bonne foi et de la probité du premier propriétaire, d'ordinaire il la fait *enregistrer*. Ensuite, lors du rachat, le
rachetant demande un nouvel *enregistrement* pour lui-même. Sans
cela, comme selon le catalogue public la terre appartient au second
propriétaire, les quittances sont aussi à son nom. Généralement le
rachetant rembourse au second propriétaire les frais d'*enregistrement,*
si le rachat se fait dans les trois ans qui suivent le transfert de la
propriété.

36. La quatrième année du règne de *T'ong-tche* 同 治 (1865), le
tsong-li-ya-men 總 理 衙 門 «Tribunal suprême des affaires étrangères», ayant passé une convention avec la Légation Française, envoya
à tous les vice-rois et gouverneurs de province une circulaire dont
voici la teneur : «Au sujet de l'article autorisant les Français à acheter
des terres pour y bâtir des églises, il a été convenu avec Nous et
décidé, que désormais quand les Missionnaires français achèteront
des terres ou des maisons dans l'intérieur de l'Empire, on écrira
sur les actes : UN TEL VEND CELA POUR ÊTRE LE FONDS COMMUN
DE L'ÉGLISE DE CETTE CONTRÉE. Et il ne suffit pas d'y inscrire
seulement les noms des Missionnaires et des Chrétiens; par la présente lettre Votre Excellence est priée d'ordonner à ses sujets de se
conformer à ce statut. Grâce à cette disposition, l'église demeure le
bien commun des Chrétiens, sans détriment pour l'Empire Chinois.»
Il en résulte que sur les actes il faut apposer la formule *wei pen*
tch'ou T'ien-tchou-t'ang kong-tch'an 爲 本 處 天 主 堂 公 產. Mais
cela n'empêche pas, semble-t-il, qu'on puisse ajouter le nom patronal
de l'église, comme note distinctive. Ainsi il semble qu'on est libre
d'écrire sur les actes par ex.: *Meou mai yu Jo-ché-t'ang wei pen tch'ou*
T'ien-tchou-t'ang kong-tch'an 其 賣 與 若 瑟 堂 爲 本 處 天 主 堂
公 產. «Un tel vend ceci à l'église Saint-Joseph pour être le bien
commun de l'église de cette contrée.» Dans *l'inscription du nom du*
propriétaire sur les registres publics, on peut n'inscrire que ce nom
patronal pour distinguer les biens des différentes églises, et aussi
pour que les agents du tribunal ne refusent pas de transcrire le nom du

nouveau propriétaire; dans plusieurs contrées, en effet, ils n'osent pas ou ne veulent pas transcrire le nom du *T'ien-tchou-t'ang* 天 主 堂, surtout quand le terrain a été acheté à l'insu du mandarin local (1).

37. Les employés chargés d'écrire les quittances pour l'impôt désirent grandement que les propriétaires qui ont dans un même district beaucoup de terres, quoique séparées les unes des autres, les laissent inscrire sous un seul nom et sur une seule quittance. Mais ce n'est pas à faire, et il vaut mieux qu'au moins chaque fonds séparé ait sa quittance distincte. De cette façon, en cas de conteste pour un fonds, le litige n'atteint pas les autres. En effet sur une quittance qui englobe plusieurs propriétés, on n'inscrit que le total de l'impôt à payer et non le détail de la répartition. (Le nombre d'arpents y est aussi parfois indiqué *in globo,* mais pour cette indication les greffiers emploient une écriture spéciale, peu connue du public, et que nous exposons plus loin. Appendice V.) Si donc plusieurs propriétés ont une quittance commune, on peut, d'après la somme de l'impôt, connaître la superficie de l'ensemble, mais non l'étendue d'un fonds contesté sans mettre en question les autres propriétés désignées par le billet.

38. La quantité des présents en espèces, qu'on a coutume de faire aux employés du tribunal pour l'enregistrement du nom du propriétaire, ne saurait être déterminée. Elle dépend de la valeur du terrain, du nombre d'arpents et de la condition personnelle du propriétaire. Les cadeaux augmentent avec la valeur de la propriété, mais diminuent selon le nombre d'arpents qu'on inscrit à la fois et l'influence du propriétaire; ainsi pour un arpent qu'on déclarerait coûter 500 piastres, on donnerait 3 ou 4 piastres; si l'on enregistrait 20 arpents à la fois, il suffirait de donner une demi-piastre par arpent; à la campagne, pour un arpent qui coûte de 20 à 60 piastres, 200 sapèques suffiraient; s'il y avait 100 arpents, il suffirait de 100 sapèques par arpent; et si le propriétaire était influent dans le pays, il donnerait encore moins. En outre, on exigera généralement un peu plus d'un propriétaire qui achète pour la première fois dans un district où son nom n'a pas encore été enregistré. A la campagne pour l'enregistrement d'un nouveau nom, on ajouterait d'ordinaire 300 sapèques; tel est l'usage dans la juridiction de la préfecture de *Song-kiang* 松 江. Mais cette gratification ne pouvant être exigée d'après la loi, les fonctionnaires n'en donnent pas le reçu.

38ᵃ. Cependant, en 1888 (c.-à-d. postérieurement à la première rédaction du numéro qui précède), est intervenu un édit du trésorier général de *Sou-tcheou* 蘇 州, fixant cette gratification à 0,25% du prix

(1) On trouvera des formules de ces contrats dans la seconde Partie.

d'achat. (Sur la teneur et la portée de cet édit relatif à d'autres taxes encore, voir plus loin n. 67ᵃ et suiv.).

———

ARTICLE V.

TRIBUT IMPÉRIAL.

—•═╞•╳╡═•—

39. Le *ts'ao-liang* 漕 糧 est le tribut impérial en riz décortiqué prélevé sur les terres fertiles; il est proportionnel à la fécondité du sol. Dans la province du *Kiang-sou* 江 蘇 l'impôt annuel pour un arpent varie entre 0che石, 0009 (9 *cho* 勺) et 0che, 11 (1 *teou* 斗 1 *cheng* 升). Dans la province du *Ngan-hoei* 安 徽, entre 0che, 0021 (2 *ko* 合 1 *cho* 勺) et 0che, 059 (5 *cheng* 升, 9 *ko* 合). (Cf. n. 130, 132).

40. De 1368 à 1863 trois préfectures du *Kiang-sou* 江 蘇, savoir: *Sou-tcheou* 蘇 州, *Song-kiang* 松江 et *T'ai-ts'ang* 太倉 étaient grevées d'un *impôt de riz* beaucoup plus lourd. Les terres les plus chargées de ces préfectures devaient donner 0che, 4256 (4 *t'eou* 斗, 2 *cheng* 升, 5 *ko* 合, 6 *cho* 勺) par arpent. En comparant avec les époques antérieures, c'était trois fois plus que sous les *Yuen* 元 (1280) et sept fois plus que sous les *Song* 宋 (960); par rapport aux préfectures voisines, *Tchang-tcheou* 常 州 et *Tchen-kiang* 鎮 江, c'était trois, quatre et même cinq fois plus: et par rapport aux autres provinces, dix ou vingt fois plus. Ce tribut exorbitant avait été imposé aux trois préfectures susdites par le fondateur de la dynastie des *Ming* 明 (1368) en punition de la longue résistance qu'elles lui avaient faite. Sous la dynastie actuelle cette législation fut maintenue jusqu'à la deuxième année du règne de *T'ong-tche* 同 治 (1863). Alors, sur la requête du vice-roi *Ts'eng Kouo-fan* 曾 國 藩 et du gouverneur de la province *Li Hong-tchang* 李 鴻 章, l'empereur voulut bien accorder une diminution, qui, suivant que les localités étaient plus ou moins pressurées jusque-là, variait des deux dixièmes presque jusqu'aux trois quarts.

41. L'empereur ne reçoit que la taxe fixée pour chaque terrain, mais pour couvrir les dépenses que la perception occasionne aux sous-préfets, les propriétaires doivent verser en plus 1 052 sapèques par *che* 石 de riz donné en tribut, De plus, les mandarins préfèrent que les propriétaires paient l'impôt en espèces. Mais comme le prix du riz est sujet à des variations continuelles (1), chaque année la valeur du riz à verser au tribut est fixée d'après le prix courant, par

---

(1) 1° La valeur du riz s'estime d'après la mesure *ts'ao-hou* 漕 斛 (Cf. n. 132). 2° Le prix d'un *che* 石 de riz dans les années fertiles, à *Sou-tcheou* 蘇 州, *Song-kiang* 松 江, *Tchang-tcheou* 常 州, *Tchen-kiang* 鎮 江 vers le milieu du

le trésorier général et promulguée par les sous-préfets. Ainsi par ex. le prix courant du riz étant de 2 300 sapèques le *che* 石, les propriétaires devront verser 3 352 sapèques.

42. Cet impôt commence à se percevoir à la 11e lune: et les sous-préfets, pour exciter les propriétaires à se libérer au plus vite, exigent 500 sapèques en sus de la taxe promulguée, de ceux qui diffèrent le versement jusqu'à la première lune de l'année suivante. Certains collecteurs rusés ayant affaire à des propriétaires simples mais suffisamment riches, ne leur demandent pas le tribut avant la fin de l'année; ils le refusent même quand il est offert : ils aiment mieux emprunter de l'argent, au besoin, et payer eux-mêmes à l'avance au sous-préfet; puis quand vient la première lune ils touchent pour eux-mêmes les 500 sapèques additionnelles, qui dépassent de beaucoup l'intérêt de 3 352 sapèques empruntées pour un mois. Mais les propriétaires éclairés paient de bonne heure soit aux collecteurs, en dépit de leurs répugnances, soit au tribunal même, qui pour pareille affaire est d'un accès extrêmement facile à tous. Le peuple aussi préfère solder ce tribut en argent pour éviter les difficultés qu'ont à subir ceux qui le paient en nature : car les employés chargés de le recevoir augmentent les mesures ou se plaignent de la qualité du riz qu'on apporte. Aussi les propriétaires influents que les employés du tribunal n'osent pas molester sont-ils seuls à payer en nature. Ce riz de l'impôt, à part une partie destinée aux soldats de la contrée, est expédié à Pékin pour être distribué aux Tartares, aux Mongols, aux Chinois nationalisés Tartares et aux magistrats de la Cour. Les sous-préfets qui ont reçu l'impôt en argent, achètent eux-mêmes le riz qu'ils envoient à Pékin.

43. Le *ti-ting-yn* 地丁銀 est un tribut impérial en argent qui n'est plus imposé que sur le sol. Cet impôt était jadis à la fois personnel et foncier : tout adulte devait payer environ 0*liang* 兩, once, taël 019 d'argent (1 *fen* 分, 9 *li* 釐) (Cf. n. 137). Mais l'empereur *Yong-tcheng* 雍正, la sixième année de son règne (1728), ordonna de reporter cette taxe personnelle sur l'impôt foncier, qui fut augmenté d'autant. Ce tribut est proportionné à la fertilité du sol. Pour un arpent, au *Kiang-sou* 江蘇, on paie de 0*liang*, 01 (1 *fen* 分) d'argent à 0*liang*,4 (4 *ts'ien* 錢); au *Ngan-hoei* 安徽 de 0*liang*,009 (9 *li* 釐) à 0*liang*,13 (1 *ts'ien* 錢, 3 *fen* 分). Ce tribut s'appelle aussi *pé-yn* 白銀, ou *t'iao-yn* 條銀, ou *mang-yn* 忙銀. Il est prélevé par moitié à partir du milieu de la quatrième lune, et à partir du milieu de la septième. La première partie s'appelle *chang-mang-yn* 上忙銀, et la seconde *hia-mang-yn* 下忙銀.

---

règne de *K'ang-hi* 康熙 (vers 1700) était de 700 sapèques ; en 1740, 5ᵉ année de *K'ien-long* 乾隆, de 1 000 sapèques et au delà; au commencement du règne de *T'ong-tche* 同治 (1862) à cause de la révolution, il montait à 10 000 et plus; de nos jours, (1880-1882) il va de 2 000 jusqu'au delà de 3 000 sapèques.

44. Le versement au trésor se fait à la livre *k'ou-p'ing* 庫平 (Cf. n. 137); mais pour compenser les sous-préfets des frais de perception, les propriétaires doivent ajouter environ 600 sapèques par once d'argent. Si donc une once d'argent à la livre *k'ou-p'ing* 庫平 vaut 1 600 sapèques, les propriétaires donnent 2 200 sapèques pour une once. Comme le cours de l'argent varie continuellement, chaque année à la deuxième lune, le taux de l'argent à verser en tribut est fixé à raison du cours actuel par le trésorier général, exposé à l'Empereur par le gouverneur de la province, et promulgué par le trésorier lui-même ou par les sous-préfets.

45. Les sous-préfets annoncent par un édit le jour où commence à s'opérer le recouvrement, et pour engager les propriétaires à payer au plus tôt, ils accordent ordinairement les réductions suivantes : 100 sapèques par once pendant les 10 premiers jours, 70 du 11ème au 20ème, et 30 du 21ème au 30ème jour; après quoi, il n'y a plus de de réduction (1).

45ᵃ. La 8ème lune de l'année 1888, le sous-préfet de *Chang-hai* 上海, *P'ei Ta-tchong* 裴大中, supprima cette réduction dans la perception de l'impôt *hia-mang-yn* 下忙銀 (Cf. n. 43), parce qu'un employé du tribunal l'avait informé que la plupart du temps elle profitait non aux propriétaires mais aux collecteurs, qui dès les premiers jours payaient eux-mêmes le tribut ainsi réduit pour les propriétaires, auxquels ils le réclamaient ensuite en entier. Depuis lors cette réduction n'est plus en usage.

46. Le *lou-k'ouo-yn* 蘆課銀 est un tribut en argent établi sur les terres incultes et ne produisant que des roseaux, ou sur des terres cultivées qui ne sont pas officiellement reconnues comme telles. Les terres de fait non cultivables sont celles formées par des alluvions récentes (Cf. art. VII); il y en a beaucoup au bord du *Yang-tse-kiang* 揚子江, qui ne produisent que des roseaux. Les terres déjà cultivées qui ne sont pas encore reconnues comme cultivables se trouvent, par ex. dans la presqu'île de *Hai-men* 海門, dans l'île de *Tch'ong-ming* 崇明 et sur les bords du *Hoang-p'ou* 黃浦 à *Chang-hai* 上海. Ce tribut est généralement divisé en deux parts qui se perçoivent comme le *mang-yn* 忙銀 à deux époques de l'année; cela se pratique, par ex. à *Tch'ong-ming* 崇明 et à *Hai-men* 海門; mais à *Chang-hai* 上海 on le perçoit en une seule fois à la 8ème lune, en même temps que l'impôt *hia-mang-yn* 下忙銀; de plus à *Tch'ong-ming* 崇明 il y a une redevance très légère établie sur les marais et qui se perçoit aussi une fois par an.

47. Le montant de cet impôt par arpent varie entre 0*liang*, 009 (9 *li* 釐) et 0*liang*, 151 (1 *ts'ien* 錢, 5 *fen* 分, 1 *li* 釐) d'argent. La valeur de cet argent ne suit pas le cours fixé par les magistrats pour

---

(1) Quelquefois cette réduction a lieu seulement durant 15 jours.

l'impôt *ti-ting-yn* 地丁銀. Par exemple, en 1882 (date de notre édition latine), le prix d'une once pour le *ti-ting-yn* 地丁銀 étant de 2200 sapèques, pour une once du tribut *lou-k'ouo-yn* 盧課銀 on exigeait 3 200 sapèques à *Chang-hai* 上海, 2 600 à *Tch'ong-ming* 崇明 et à *Hai-men* 海門.

47ᵃ. On voit quelle exaction : pour un taël d'impôt sur les terres non labourables on verse 3200 sapèques, tandis que 2200 sapèques suffisent sur les terres arables. (Cf. n. 45). En 1885 pourtant, quelques propriétaires moins soumis se plaignirent au *fan-t'ai* 藩臺, trésorier général. Celui-ci, dans un rescrit au sous-préfet, ordonna de mettre fin à cet abus et défendit d'élever le taux des impôts pour les terres non cultivables. Mais cette prohibition n'ayant pas été publiée, les propriétaires qui la connaissent sont les seuls à en bénéficier.

47ᵇ. Le genre de terres dont nous venons de parler n'est d'ordinaire soumis qu'à cette redevance et est exempt de l'impôt en riz.

48. Le *yen-k'ouo-yn* 鹽課銀 est un impôt en argent établi sur les terrains jadis officiellement affectés à la fabrication du sel, puis cultivés sans autorisation par le peuple, et enfin concédés par le Gouvernement pour être cultivés. Ces terrains s'appellent *tsao-t'ien* 灶田 *terres de fours à sel*. Ce tribut pour un arpent varie généralement de 0*liang*, 01 (1 *fen* 分) à 0*liang*, 1 (1 *ts'ien* 錢) et s'appelle *mang-yn* 忙銀; il se perçoit aussi par moitiés. D'ordinaire la collecte est faite non par les sous-préfets locaux, mais par les petits mandarins préposés à la fabrication du sel. Ces sortes de terrains ne sont pas soumis à d'autre impôt; la plupart se trouvent dans les contrées voisines de la mer, par ex. *Kin-chan* 金山, *T'ong-tcheou* 通州, etc.

49. On appelle *t'oen-t'ien* 屯田 ou *kiun-t'ien* 軍田 des terres cultivées sous les précédentes dynasties par des familles auxquelles incombait la charge héréditaire de garder la ville, ou de conduire à Pékin par le Canal Impérial *Yun-liang-ho* 運糧河 les bateaux chargés du riz impérial. Ces terres étant à présent cultivées indistinctement par le peuple, ont à payer une triple redevance en argent. La première *mi-yn* 米銀 est communément de 0*liang*, 03 (3 *fen* 分) par arpent; la deuxième *ts'ien-liang* 錢糧 de 0*liang*, 14 (1 *ts'ien* 錢 4 *fen* 分); la troisième *tsin-t'ié-yn* 津貼銀 de 0*liang*, 23 (2 *ts'ien* 錢 3 *fen* 分). Ce tribut n'est pas recueilli d'ordinaire par le sous-préfet local, mais par de petits mandarins constitués exprès, et il est en partie affecté au transport du riz impérial, en partie distribué aux familles jadis chargées de ce transport, qu'elles n'exécutent plus maintenant (1).

---

(1) A *Nan-hoei* 南滙 dans la chrétienté *Tcheou-kia T'ien-tchou-t'ang* 周家天主堂, des chrétiens nommés *Wang* 汪 appartiennent à une de ces familles.

50. Ces terres sont disséminées au milieu des districts; il y en a qui ne mesurent que deux arpents; d'autres ont une étendue de plusieurs milliers : par ex. dans la sous-préfecture de *Nan-hoei* 南 滙 le 12ème district de la 20ème section en contient 2 869 arpents. L'église du Saint Cœur de Marie, vulgairement appelée *Ts'ien-kia T'ien-tchou-t'ang* 錢 家 天 主 堂 (1), est bâtie dans ce district, moité sur terrain *t'oen-t'ien* 屯 田 à l'est, moitié sur terrain ordinaire, à l'ouest.

51. Aux années qui contiennent un mois intercalaire, les redevances en argent sont augmentées d'environ un centième, tandis que les redevances en riz sont diminuées d'un millième à peu près.

52. Les terres fertiles paient le tribut en riz et en argent, les autres sont exemptes de la redevance en riz. Il y a cependant certaines terres fertiles privilégiées qui de temps immémorial sont exemptes de la redevance en riz. On ne connaît plus la raison de cette exemption. Par ex. dans la sous-préfecture de *Chang-hai* 上 海 le 6ème district de la 28ème section (2), et dans la sous-préfecture de *Hoa-t'ing* 華 亭 cinq. districts, sous la désignation commune de *Che-tse-tchoang* 十 字 莊, sont exempts de l'impôt en riz (3).

53. On peut voir par là combien est variable la taxe annuelle prélevée sur les terres par le Gouvernement. Mais en moyenne, pour un arpent chargé des deux impôts, elle ne dépasse pas 500 à 900 sapèques, et pour un arpent soumis à un seul impôt, 20 à 400 sapèques.

54. Sont légalement exempts de tout impôt, les terrains où sont

---

(1) Cette église a été bâtie en 1868 avec l'approbation officielle du gouvernement Chinois, et aux frais du peuple, par un chrétien nommé François *Ts'ien Nan* 錢 楠, en souvenir de l'amiral Augustin Protet et du R. P. Victor Vuillaume S. J., tous deux morts pour la délivrance du *P'ou-tong* 浦 東 en 1862.

(2) La résidence des missionnaires à *Zi-ka-wei (Siu-kia-hoei)* 徐 家 滙 est située en partie dans le 4ᵉ district de la 27ᵉ section, et en partie dans le 6ᵉ district de la 28ᵉ section; ce dernier possédant le tombeau du Docteur Paul *Zi (Siu) Koang-k'i* 徐 光 啟, ministre de l'Empereur sous les *Ming* 明, est exempt de *l'impôt du riz.* Par suite la partie où est la chapelle domestique du Sacré Cœur de Jésus n'est soumise qu'à *l'impôt d'argent,* tandis que le côté du réfectoire n'étant pas dans le même district, doit payer les deux impôts.

(3) Ces cinq districts, de temps immémorial exempts de *l'impôt du riz,* sont situés à l'est de la ville de *Song-kiang* 松 江, à dix *li* 里 de la ville, et portent le nom de leur village, *Che-tse-tchoang* 十 字 莊 «village de la Croix.» Dans ce village il y a une pagode appelée *Che-tse-miao* 十 字 廟 «pagode de la Croix,» où l'on adore *Tch'eng-hoang* 城 隍 «esprit protecteur de la ville» sous le titre de *Si-yang-ming-wang* 西 洋 明 王 «le sage roi d'occident».

bâtis les tribunaux des magistrats, les douanes, les pagodes approuvées par le Gouvernement, les temples et les tombeaux des hommes illustres, ainsi que les champs dont les revenus sont affectés aux sacrifices offerts à ces hommes illustres. Quant aux terrains où sont les cimetières, les orphelinats ou autres établissements de bienfaisance, il est permis aux gouverneurs de demander pour eux à l'Empereur l'exemption du tribut. Mais les biens-fonds que possèdent les établissements de bienfaisance et dont ils perçoivent les revenus, sont soumis à la loi commune des impôts.

55. Il y a encore d'autres terres qui de temps immémorial ne sont soumises à aucun impôt : telle est une grande partie du terrain dans la ville de *Sou-tcheou* 蘇 州. Ainsi l'endroit où est bâtie la maison de la Mission, entre la porte nord-est de la ville, *Leou-men* 婁 門, et la rue *Pé-kiai* 北 街, n'est soumis à aucun impôt : mais la partie nord de l'immeuble, où sont le jardin et le réservoir, paie les deux impôts.

56. Les propriétaires paient aux receveurs des impôts une gratification de 10 à 100 sapèques par arpent; le chiffre varie entre ces deux limites en raison inverse du nombre d'arpents.

57. Les fonctionnaires, en recouvrant l'impôt, donnent aux propriétaires des quittances timbrées qu'on appelle *pan-tch'oan* 版 串 ou *tche-tchao* 執 照. Il est bon de les conserver; elles attestent non seulement qu'on a versé l'impôt, mais qu'on est maître du sol; elles pourraient servir surtout à défaut d'autre titre légal, ou quand les contrats de vente ne sont pas encore légalement *confirmés,* ni les actes munis du sceau mandarinal. D'après la loi, les anciens titres sans les quittances d'impôt des dernières années ne suffisent pas à prouver en justice le droit de revendication, tandis que les mêmes quittances sans les titres prouvent le droit *in re.*

58. Dans les années de disette la loi autorise les magistrats locaux à faire l'aumône aux frais du trésor, et le paiement de l'impôt est renvoyé aux années suivantes : si le déficit est inférieur aux cinq dixièmes de la récolte ordinaire, on comblera la dette par les impôts supplémentaires l'année suivante; dans les deux années suivantes, s'il atteint de cinq à sept dixièmes inclusivement; et pendant les trois années suivantes, s'il s'élève jusqu'à huit ou dix dixièmes. Mais souvent l'Empereur, dans sa condescendance, remet la dette en tout ou en partie.

59. L'année du couronnement de Sa Majesté, et aux anniversaires décennaux de sa naissance, ou de la naissance de l'Impératrice Mère, parfois aux anniversaires décennaux de l'avènement de l'Empereur, de même l'année de la sépulture de l'Empereur, l'année où une éclipse de soleil coïncide avec le 1er jour de la 1ère lune, ou une éclipse de lune avec le 15e jour du même mois (1), l'Empereur a coutume

---

(1) En 1795 pendant la première lune eurent lieu une éclipse de soleil et une éclipse de lune : à cette occasion le tribut fut remis non en signe de joie, mais par la crainte révérentielle qu'excitait l'étrangeté de ces phénomènes.

de remettre en tout ou en partie la dette des années précédentes et l'impôt de l'année courante. Quand pour la même raison tout l'empire est exempté d'impôt, le pays est divisé en trois ou cinq parties, qui sont à tour de rôle dispensées de l'impôt annuel pendant les trois ou les cinq années qui suivent.

60. Les propriétaires qui ajournent le paiement de l'impôt au delà du temps déterminé, c.-à-d. de la 4ᵉ lune de l'année suivante, seront contraints à le payer, et recevront un châtiment proportionnel à la partie de la taxe ainsi ajournée: pour une dette égale au dixième de la redevance totale, 60 coups de bâton; pour une dette des deux dixièmes, 70; pour trois dixièmes, 80; pour quatre dixièmes, 90; enfin pour cinq dixièmes et au delà, 100 coups de bâton. Mais le châtiment légal est différent pour les propriétaires nobles. Si la dette ne dépasse pas les quatre dixièmes, les *tsin-che* 進 士 «docteurs», les *kiu-jen* 舉 人 «licenciés» et tous ceux qui jouissent d'une dignité réelle ou d'un titre honorifique, seront dégradés. Les *kong-cheng* 貢 生, «élèves présentés» (1), les *cheng-yuen* 生 員 «bacheliers» et les *kien-cheng* 監 生 «lauréats du collège impérial» (2), seront dégradés et punis de 60 coups de bâton. — Si la dette monte entre quatre et sept dixièmes exclusivement, les *tsin-che* 進 士 et les autres du même rang, outre la dégradation, recevront 80 coups de bâton; les *kong-cheng* 貢 生 et ceux du même rang, outre la dégradation, recevront 100 coups de bâton et porteront la cangue pendant un mois. Pour un dette de sept dixièmes et au delà, les *tsing-che* 進 士 et les autres du même rang, subiront la dégradation et 100 coups de bâton; les *kong-cheng* 貢 生 et autres du même rang recevront 100 coups et porteront deux mois la cangue (3). Tous après le paiement de l'impôt seront réintégrés dans leur grade. Mais s'ils sont réellement pauvres et que leur dette ne dépasse pas un dixième, on leur fait grâce de la dégradation et on renvoie le paiement de la dette à l'automne.

---

(1) Élèves présentés à la Cour pour y subir un examen plus solennel. V. P. Étienne Zi, S. J. *Pratique des Examens littéraires*, p. 84 (N° 5. des *Variétés sinologiques)*.

(2) *Ibid.*, p. 92.

(3) Cette loi est rarement appliquée.

ARTICLE VI.

CONFIRMATION DES CONTRATS DE VENTE.

→ ≕ * ≕ ←

61. Le *choei-k'i* 稅 契 est un acte par lequel un nouveau propriétaire, ayant passé un contrat *d'achat révocable* ou *irrévocable* pour
une maison ou une terre, moyennant une taxe légale payée au Gouvernement, obtient que le magistrat local appose son sceau sur les
pièces, lui remette le diplôme appelé *k'i-wei* 契 尾, «et confirme le
contrat». Ce diplôme est muni du cachet du trésorier général métropolitain *fan-t'ai* 藩 臺. Le magistrat local en a chez lui plusieurs
exemplaires envoyés par le trésorier général, à qui chaque année il
doit déclarer le nombre d'exemplaires employés et remettre l'impôt
reçu en conséquence. Le propriétaire qui achète *révocablement* ou
irrévocablement un terrain ou une maison, est tenu de demander cette
confirmation dans l'espace d'un an. Après un an révolu, s'il a omis
cette formalité, outre qu'il est tenu de la suppléer, il est puni de
cinquante coups de verges (quel que soit le prix d'achat) et d'une
amende équivalant à la moitié de ce prix.
62. Si le prix d'achat est inférieur à mille onces d'argent, la
confirmation se fait par le mandarin local immédiat : le *tche-hien* 知
縣, ou le *tche-tcheou* 知 州, ou le *fou-ming-t'ing* 撫 民 廳, ou le *tche-
li-t'ing* 直 隸 廳, ou le *tche-li-tcheou* 直 隸 州. S'il dépasse mille
onces, ce mandarin doit recourir à son supérieur immédiat, pour que
les pièces soient aussi munies de son cachet. Ainsi le *tche-hien* 知
縣, le *tche-tcheou* 知 州 et le *fou-ming-t'ing* 撫 民 廳 envoient une
fois par mois les actes munis du diplôme du trésorier à leurs supérieurs
respectifs, c.-à-d. au *tche-fou* 知 府, ou au *tche-li-tcheou* 直 隸 州 ; le
tche-li-t'ing 直 隸 廳 et le *tche-li-tcheou* 直 隸 州 les envoient au
tao-t'ai 道 臺 (1). Ces mandarins supérieurs doivent renvoyer les
pièces avant dix jours ; s'ils les gardaient plus de dix jours, ils seraient
privés de la moitié de leur traitement annuel ; s'ils dépassaient vingt
jours, de tout leur traitement ; et s'ils attendaient plus d'un mois, on
abaisserait leur dignité d'un degré. La même punition est réservée
aux mandarins locaux qui tarderaient à rendre les pièces aux propriétaires. Quand on passe un contrat pour une somme excédant mille
onces, les propriétaires évitent souvent les difficultés d'un recours au

---

(1) Le *tche-li-t'ing* 直 隸 廳 et le *tche-li-tcheou* 直 隸 州 relèvent immédiatement du *tao-t'ai* puisqu'ils n'ont pas de *tche-fou* 知 府 au-dessus d'eux.

magistrat supérieur en faisant deux actes entre lesquels ils répartissent la matière et le prix du contrat.

63. Le *choei-yn* 稅 銀 «taxe légale exigée pour la confirmation» est de o*liang*,o3 (3 *fen* 分) par once d'argent du prix d'achat; pour chaque once de la taxe elle-même il faut ajouter o*liang*,o5 (5 *fen* 分) à titre de *hao-yn* 耗 銀, compensation pour déperdition causée par la fusion, et en outre on paie 500 sapèques pour le diplôme. Pour ce paiement le cours de l'argent est le même que pour l'impôt *ti-ting-yn* 地 丁 銀 (Cf. n. 44.) par décision du trésorier métropolitain *Ting* 丁 qui, la 6ème année du règne de *T'ong-tche* 同 治 (1867), dans une circulaire adressée à tous les préfets et sous-préfets, leur enjoignait d'appliquer cette règle au *choei-yn* 稅 銀. Ainsi pour un contrat où le prix d'achat serait de 100 onces d'argent, la taxe légale *choei-yn* 稅 銀 serait 3 onces et le *hao-yn* 耗 銀 o*liang*,15 (1 *ts'ien* 錢 5 *fen* 分); au cours de 2 200 sapèques l'once, 3*liang*,15 (3*liang* 兩 1 *ts'ien* 錢, 5 *fen* 分) feraient 6 930 sapèques; en y ajoutant les 500 sapèques prix du diplôme, la validation d'un contrat de 100 onces reviendrait à 7 430 sapèques. Mais comme la validation se fait par l'entremise des employés du tribunal, la plupart du temps pour une somme de 100 onces ils exigent 11 000 ou 12 000 sapèques (1). Et même, si sur l'acte le prix d'achat est exprimé en sapèques ou en piastres et non en onces d'argent, pour 100 000 sapèques ou 100 piastres, ils exigent autant que pour 100 taëls ou onces d'argent. Aussi les acheteurs préfèrent-ils exprimer le prix d'achat en onces d'argent. Il y a quelques années le sous-préfet de *Nan-hoei* 南 滙 promulgua, pour le pays soumis à sa juridiction, un édit fixant la taxe à 7 800 sapèques par 100 taëls ou onces, et à 7 400 sapèques par 100 000 sapèques. Depuis lors on y observe cette règle. (Pour *Chang-hai* 上 海, Cf. 67ⁿ et suiv.) Sur le diplôme *k'i-wei* 契 尾 sont inscrits les noms de l'acheteur et du vendeur, la dimension et le prix du terrain ou de la maison; quant à la taxe légale payée pour la *validation,* on écrit sur le diplôme la somme qu'il fallait payer, et non celle, beaucoup plus considérable, qui a été payée.

64. Le contrat d'*antichrèse tien-tang* 典 當 (Cf. n. 22. 23) n'a pas besoin d'être *validé* si ce n'est au bout de dix ans: alors l'*antichrèse* doit être changée en vente par un nouveau contrat.

65. Si les pièces portent seulement le cachet du magistrat local et ne sont pas accompagnées du diplôme *k'i-wei* 契 尾, les acheteurs sont censés n'avoir pas payé la taxe et sont passibles de la peine légale que mérite cette contravention.

66. Le rachat d'une chose n'exige pas de *validation* parce qu'on n'y fait aucun acte nouveau, mais on rend seulement au rachetant

---

(1) Ces employés pour excuser leur manière d'agir, allèguent qu'ils remplissent une charge publique pour laquelle ils ne reçoivent pas de salaire.

ceux qu'il avait livrés à l'acheteur. De plus, l'acquisition d'une propriété par rachat est fondée sur l'ancien achat qui est censé avoir été *validé*.

67. La loi de la *validation* pour *vente irrévocable* s'observe d'ordinaire exactement dans les cités et les faubourgs; mais, à la campagne, seulement en cas d'acquisition considérable, et lorsqu'en omettant la *validation* l'acheteur s'exposerait aux délations des envieux, ou craindrait que le vendeur ne manquât de parole. Au *Kiang-sou* 江 蘇, les sous-préfets de *Sou-tcheou* 蘇 州, *Song-kiang* 松 江, etc. ont coutume de ne pas urger l'observation de la loi, pour les contrats peu importants, cas habituel à la campagne.

67$^{a\cdot}$ Nous avons vu (Art. IV, n° 38) combien est variable la somme exigée par les employés de tribunaux pour le *kouo-hou* 過戶 «enregistrement du nom du propriétaire»; j'ai noté aussi (Art. VI, n° 63) que ces mêmes fonctionnaires, pour le *choei-k'i* 稅 契 «confirmation des contrats», exigent 500 sapèques pour chaque *k'i-wei* 契 尾 «certificat de contrat», plus 11 000 ou 12 000 sapèques par cent taëls d'argent inscrits sur les actes.

67$^{b\cdot}$ Cet usage, ou plutôt cet abus universellement introduit par les employés de tribunaux et toléré par le profond silence des sous-préfets avait fini par avoir quasi force de loi. En 1888 (14e année du règne de *Koang-siu* 光 緒), le trésorier général de *Sou-tcheou* 蘇 州 藩 臺 *Hoang* 黃, préposé à toute la région sud-est du *Kiang-sou* 江 蘇 (1), en fut informé; dans l'intérêt du peuple, il proscrivit cet abus invétéré et envoya une circulaire à tous les sous-préfets soumis à sa juridiction, leur enjoignant d'afficher aux portes de leur ville respective un édit proscrivant cet abus, et de le faire connaître au peuple.

67$^{c\cdot}$ Cette proclamation réglait le montant des gratifications que les employés de tribunaux pouvaient recevoir à l'occasion du *kouo-hou* 過 戶 pour le certificat *k'i-wei* 契 尾, ainsi que la somme d'argent à payer pour la confirmation du contrat *choei-k'i* 稅 契, comme suit:

1° «Dans le *kouo-hou* 過 戶 la gratification est fixée à o*liang*, 25 par 100 taëls ou onces d'argent 兩 du prix d'achat inscrit sur l'acte, et à 250 sapèques pour cent mille sapèques du prix d'achat». Ainsi cette gratification par rapport au prix d'achat est de 0,25 %. En interprétant l'intention du trésorier, je crois qu'on devrait augmenter légèrement la proportion dans le cas où le prix d'achat serait peu élevé, par ex. 10 000 ou 20 000 sapèques.

---

(1) Il y a deux *fan-t'ai* 藩 臺 au *Kiang-sou* 江 蘇. L'un réside à *Sou-tcheou* 蘇 州 et a 4 *fou* 府 «préfectures» sous sa juridiction: *Sou-tcheou* 蘇 州, *Song-kiang* 松 江, *Tchang-tcheou* 常 州 et *Tchen-kiang* 鎭 江, plus un *tche-li-tcheou* 直 隸 州 *T'ai-ts'ang* 太 倉; l'autre réside à *Nan-king* et est préposé au nord-ouest de la province.

2° «Dans le *choei-k'i* 稅 契 la somme est fixée à 240 sapèques par feuille *k'i-wei* 契 尾, quel que soit le prix d'achat.»

3° «Dans le *choei-k'i* 稅 契 la taxe légale est de 0^{liang}, 0315 par taël (兩) du prix d'achat; l'argent est estimé comme pour l'impôt foncier, et le taël vaut 2 200 sapèques, ce qui porte la taxe légale à 69$^{sap.}$, 3 par taël du prix d'achat.» Pour cent taëls d'achat, la taxe en *choei-k'i* serait donc de 6930 sapèques (1).

4° «Ces règlements, avec l'approbation du *fou-t'ai* 撫 臺, gouverneur de la province, ont été insérés dans les Constitutions Provinciales; et nous enjoignons à tous les sous-préfets de veiller à leur observation.»

67^d. Le décret du trésorier réfréna l'audace des employés de tribunaux et mit fin à l'abus invétéré. Dans le même édit, le trésorier, rappelant les peines dont la loi punit l'omission de l'acte *choei-k'i* 稅 契 (2), pressait les propriétaires d'observer ce point de la loi.

67e. Mais les sous-préfets sont trop occupés pour rechercher activement les propriétaires qui l'enfreignent. Les agents des tribunaux, munis d'un mandat du sous-préfet, vont bien de temps en temps parcourir les districts et avertir les principaux propriétaires de ne pas ajourner davantage le *choei-k'i* 稅 契. Mais ce beau zèle n'a d'autre mobile que d'extorquer des présents. Il est rare qu'ils urgent sérieusement l'observation de la loi. Aussi, non moins qu'auparavant, un grand nombre d'acheteurs, surtout à la campagne, diffèrent-ils le *choei-k'i* 稅 契, dans les cas d'achat peu considérable (3). En février 1865, le *Tsong-li-ya-men* 總 理 衙 門 fit un règlement obligeant les propriétaires à prévenir les magistrats locaux avant de vendre aux missionnaires catholiques un terrain ou une maison; et, malgré les protestations répétées de la Légation Française, ce règlement continua d'être appliqué dans l'Empire, au point que la liberté d'acheter des terres ou des maisons était totalement enlevée aux missionnaires. Enfin au mois de mai 1895, sur les instances de la Légation de

---

(1) Il a été dit plus haut (n° 63) : «Si le prix d'achat a été inscrit sur l'acte en sapèques ou en piastres, dans le *choei-k'i* 稅 契, pour 100 000 sapèques ou 100 piastres on exigera la même somme que pour 100 taëls.» Cet usage semble basé sur une interprétation de la loi. Il y a des cas, en effet, où la loi considère 1000 sapèques comme un taël.

(2) Voir au n° 61 l'énumération de ces peines.

(3) 1° Pour les propriétés situées dans les faubourgs, ou même à la campagne en cas d'achat considérable, les propriétaires ont coutume de ne pas négliger le *choei-k'i* 稅 契. C'est que l'attention des fonctionnaires est alors plus en éveil. 2° Seule la convention américaine (Art. 12) porte une clause soumettant les biens acquis par les sujets des États-Unis à l'article de la loi concernant le *choei-k'i* 稅 契.

France, cette constitution fut abrogée, et une convention passée entre le *Tsong-li-ya-men* 總理衙門 et la Légation de France établissait qu'à l'avenir les contrats d'achat des missionnaires ne seraient soumis qu'à la loi du *choei-k'i* 稅契, comme ceux des indigènes. '

67f. La cause de cette négligence à observer la loi, c'est que les propriétaires n'en retirent, comme ils disent, d'autre avantage que la réputation d'avoir observé la loi. Le *choei-k'i*, en effet, s'appelle pompeusement *validation des contrats,* mais en réalité il signifie *acquittement de l'impôt établi sur les ventes d'immeubles,* et il suppose la validité d'un contrat plutôt qu'il ne le confirme. De fait lorsque, l'impôt étant payé, le sous-préfet appose son sceau sur les actes, ni lui ni ses subordonnés ne s'informent du prix d'achat; et ils ne se mettent pas en peine de faire comparaître les vendeurs et les témoins. Si bien que, en cas de litige, ce paiement ne corrobore en aucune façon les droits de l'acheteur; et s'il perd son procès, il pourra bien en restituant l'objet en réclamer le prix, mais il ne recevra pas d'indemnité pour l'impôt versé.

67g. Si l'acheteur gagne sa cause et que l'objet lui soit adjugé, à supposer qu'il n'ait pas satisfait à la loi concernant le *choei-k'i* 稅契, ordinairement les sous-préfets se contentent de lui faire réparer son omission, sans presque jamais lui infliger les peines dues à cette contravention. Je ne connais qu'un cas, arrivé il y a une dizaine d'années : c'est celui d'un richard de la sous-préfecture de *Chang-hai* 上海, qui fut puni pour avoir voulu tromper le sous-préfet. Il lui présenta bien les pièces principales d'un contrat pour le faire enregistrer, mais afin de diminuer la taxe, il dissimula d'autres pièces : en conséquence il fut condamné à une amende au profit des bonnes œuvres de sa commune (1). On voit donc que si l'édit du trésorier a mis un frein à l'audace et aux extorsions des employés des tribunaux, un grand nombre de propriétaires n'en continuent pas moins à négliger le règlement du *choei-k'i* 稅契.

67h. Cet édit est daté du 29ème jour de la 4ème lune de la 14ème année de l'Empereur *Koang-siu* 光緒 (8 juin 1888.) Nous le reproduisons ici pour plus ample information.

---

(1) La loi du *choei-k'i* 稅契 impose une taxe proportionnelle au prix total de la chose. Or le prix d'achat est souvent réparti sur plusieurs actes. Les dissimuler, c'est donc aussi violer la loi.

欽命江南蘇州等處承宣布政使司布政使黃　爲
詳定稅契章程明白曉諭事、查律載凡民間典買田宅、不稅契者、笞五十、仍追契價一半入官、不過割者、一畝至五畝笞五
十、每五畝加一等、罪至杖一百、其田入官、又例載民間置買田房、於立契之後、應即呈縣納稅、延不投稅請黏契尾者、即行
治罪、並追契價一半入官、仍令照例補稅、赴縣對冊推收、隨時過割、倘有書吏違例滋擾、從嚴究治各等語、是書差索擾、固
當嚴懲、業戶隱漏、亦應究罰、律例並有明文、本應恪遵辦理、近查各屬田房契稅銀兩、征解寥寥、難保非書差藉公需索、以
致業戶畏縮不前、若不明定章程、流弊伊於胡底、現經本司於無錫縣職員顧桐等上控稅書王晉蕃浮收稅價案內、核定
每契價銀一兩、照例完正稅銀三分、該縣加五耗羨、另完耗銀一釐五毫、共銀三分一釐五毫、查照地漕錢量、 奏定銀價、
每徵銀一兩、連公費折收錢二千二百文、核該收稅錢六十九文三毫、此外如有詳定帶收各項捐欵、仍准照案加收、所有
經書紙張辛飯、概於公費內、由縣提給、不取業戶分文、至契尾錢文、查無准收若干明文、惟丁升司任內、於同治六年、核定
推收過戶稅契執業、除正稅外、應需經書紙張零費、每契價銀一百兩、繳公費銀五錢、又契價錢一百千文、繳公費錢五百
文、詳准勒石遵守有案、緣當時係將推收契尾、籠統核計、並未分剔清楚、現亦由司酌定、每契尾一張、無論契價若干、祇准
收紙工錢二百四十文、又推收過戶、每契價銀一百兩、減收公費銀二錢五分、每契價錢一百千文、減收公費錢二百五十
文、專爲推收過戶註冊之用、業經詳奉　撫憲批准照辦、除刊入省章、通飭各縣遵照、並將無錫縣控案、另行查辦外、誠恐
小民未及周知、合行刋示曉諭、爲此示仰該邑糧戶經書人等知悉、爾等須知民間置買田房產業、例應投稅過戶、倘敢隱
匿漏稅、罪有應得、價亦罰半充公、爾等既經置買田房、咸願永遠執業、務須隨時過戶註冊稅契完糧、況現經本司查照例
案、明定應完銀合錢數、及隨收公費捐欵、均有一定之數、書差人等、無從藉端需索、該業戶等亦當激發天良、痛除隱漏積
習、嗣後凡置買田房、務各遵照定價、隨時過戶投稅執業、其從前未稅白契、寬其既往之咎、統限三個月內、一律檢齊補稅、
倘逾限不遵、則是有意隱匿、不知感奮、一經查出、或被告發、定卽照例究追、自此次定章之後、書差人等、再敢於正稅公費
之外、多收分文、准卽赴縣喊究、如以定章以前之事、藉端控制者、亦治以健訟圖詐之罪、决不寬貸、其各凛遵毋違、特示、

光緒十四年四月二十九日

ARTICLE VII.

ALLUVION.

—▬|※|▬—

68. Les terrains nouveaux ou d'alluvion sont de deux sortes : le
kou-t'ou-fou-cheng 故 土 復 生 «ancienne terre qui renaît», et le *kiang-
sin-t'ou-tchang* 江 心 突 漲 «terre qui naît isolée au milieu d'un fleuve.»
La terre *renaissant* est une terre jadis immergée, qui réapparaît. La
terre *isolée* est une île qui apparaît au milieu d'un fleuve ou de la mer.
La terre *renaissante,* d'après la loi, est restituée à son ancien propriétaire, qu'elle soit adhérente à la terre qui restait, ou qu'elle en soit
séparée, comme il arrive quand la terre diminue sur une rive et
augmente sur l'autre, de sorte que peu à peu un terrain disparaissant
sur un point est remplacé par un terrain apparaissant dans un autre
endroit, ou bien encore quand la terre enlevée à la rive d'un fleuve
forme ensuite non loin du bord une île qui est véritablement la même
terre. Mais pour rentrer légalement en possession d'une terre *renaissante,* l'ancien propriétaire doit prouver lui-même qu'elle est dans
l'emplacement où se trouvait sa propriété. La preuve qui fait foi,
outre les signes évidents, s'il y en a, est le rapport écrit dans les
registres cadastraux, où le propriétaire, au moment de la submersion,
a pris soin de faire consigner l'emplacement et les limites de son
fonds.

69. Toute *terre renaissante* réclamée sans preuve suffisante, et
toute terre *née* sur le bord d'un fleuve où il n'avait jamais existé de
terrain, et enfin toute île *née isolément* au milieu d'un fleuve ou de la
mer, appartient au Gouvernement ; celui-ci, par l'entremise des
mandarins, la vend au premier qui offre le prix déterminé d'après la
qualité du sol.

70. Les fonds riverains de la mer, des fleuves ou des lacs, doivent
être arpentés chaque hiver, et si une partie en est submergée, l'impôt
n'en est plus exigé (1).

71. Un terrain neuf est mesuré tous les cinq ans (dans notre
province du *Kiang-sou* 江 蘇 tous les dix ans, en vertu d'une disposition récente de la loi), et taxé en raison de sa fécondité. Si des terres,
chargées d'abord d'une taxe légère, deviennent plus fertiles dans la

---

(1) Cette loi est rarement observée. Les propriétaires ne sont pas immédiatement dispensés de payer l'impôt pour les terres submergées ; seuls les
propriétaires influents présentent au mandarin local une supplique pour
demander à être exempts de cet impôt.

suite, on leur impose un plus fort tribut. Il n'est permis à personne d'habiter et de cultiver une île *née* au milieu de l'océan à une grande distance du continent.

72. Quand une terre *renaît*, ses anciens propriétaires ayant émigré au loin, ou pouvant difficilement prouver qu'elle leur appartient, n'ont pas coutume de la réclamer. Aussi toute terre qui naît attenant à une propriété voisine, est d'ordinaire occupée par le maître du terrain contigu, et le Gouvernement la lui vend à l'époque de l'arpentage légal. Une île ou une terre qui surgit *isolément* dans la mer ou dans un fleuve, est occupée et achetée par les richards du pays et louée à des fermiers.

73. La disposition de la loi touchant les nouvelles terres dans l'île de *Tch'ong-ming* 崇 明 est tout à fait spéciale, elle est en vigueur depuis cinq siècles (1). On mesure officiellement tous les trois ans le *nouveau terrain* déposé sur les côtes de l'île ou *né isolément* dans la mer voisine. Tout ce nouveau terrain, quelle qu'en soit l'étendue, appartient aux *Li-p'ai* 里 排 «intendants des Sections»; ils sont au nombre de onze cents et divisent la nouvelle terre en autant de parts égales qu'ils tirent au sort. Le droit est comme un bien de famille qu'on peut vendre en tout ou en partie. Mais en vertu d'un long usage, il y a invariablement onze cents lots, bien qu'un même lot puisse être possédé partiellement par plusieurs personnes, ou qu'un même propriétaire puisse en avoir plusieurs à lui seul. A ce droit est attachée la charge de suppléer le tribut impérial, quand la terre a plus diminué qu'elle n'a augmenté. Car l'île, étant sur un point ou sur l'autre soumise à un perpétuel changement de superficie, pour empêcher que l'impôt annuellement envoyé à l'Empereur, ne subît chaque année les mêmes vicissitudes, vers l'an 1430, sous le règne de *Siuen-té* 宣 德 de la dynastie *Ming* 明, il fut réglé qu'on paierait chaque année à l'Empereur la somme invariable de 40.000 *che* 石 de riz (jusqu'à présent cette redevance s'est toujours payée en argent). En conséquence, lorsque la diminution des impôts causée par la déperdition de terrain est supérieure à la somme levée sur les nouvelles terres, la somme totale des contributions n'atteignant pas la taxe déterminée, les *Li-p'ai* 里 排 doivent, au *prorata* de leur domaine, combler le déficit (2). Mais si la terre a plus augmenté que diminué, le tribut des terres submergées est reporté sur l'ensemble des terrains nouveaux dont chaque arpent supporte ainsi moins que la taxe légale.

---

(1) La troisième année du règne de *Yong-tcheng* 雍 正 (1725) elle fut un peu modifiée.

(2) Comme la plupart des propriétaires peuvent difficilement se faire exempter des contributions pour les terres submergées, les *Li-p'ai* 里 排 ont rarement à suppléer.

ARTICLE VIII.

FONDS ET SURFACE DU SOL.

—➤═•*•═◄—

74. On distingue dans le sol le *t'ien-ti* 田底 «fonds de la terre» et le *t'ien-mien* 田面 «surface de la terre». Celui qui possède le *fonds* s'appelle *liang-hou* 糧戶 «tributaire», parce que c'est à lui de payer l'impôt *foncier*. Celui qui possède la «surface», et auquel néanmoins appartient le droit de louer le *fonds* pour la culture, s'appelle *t'ien-hou* 佃戶 «fermier», comme les simples locataires. Le *kouo-hou* 過戶 «enregistrement du nom» (Voir Art. IV) et le *choei-k'i* 稅契 «validation du contrat» (Voir Art. VI) ne concernent que le propriétaire du *fonds* et non le propriétaire de la «surface»; celui-ci n'a pas à payer l'impôt.

75. A *Song-kiang* 松江 et dans plusieurs autres endroits, le *t'ien-ti* 田底 «fonds» s'appelle *liang-t'ien* 糧田, c'est-à-dire terre payant l'impôt. Le *t'ien-mien* 田面 «surface» s'appelle *tsou-t'ien* 租田 terre affermée. A *Song-kiang* 松江, on appelle *tsou-liang-t'ien* 租糧田 une propriété dont le *fonds* et la *surface* appartiennent au même propriétaire. Ailleurs le *fonds,* même uni à la *surface,* s'appelle encore *liang-t'ien* 糧田.

76. Le *fonds* vaut en général de trois à six fois plus que la *surface*. Si le *fonds* et la *surface* appartiennent à deux *maîtres* différents, ni l'un ni l'autre n'a le droit d'y bâtir, ou d'y établir un tombeau. Celui qui ne possède que le *fonds* ne peut le cultiver lui-même, mais il doit le louer à celui qui possède la *surface* et qui a droit d'affermer le fonds indéfiniment, et le propriétaire du *fonds* ne peut à son gré congédier le locataire, sauf dans le cas où le montant de termes non payés donne une somme égale à la valeur de la *surface*. Quand le propriétaire de la *surface* a contracté cette dette, on lui retire la culture du sol, et la *surface* appartient au propriétaire du *fonds,* qui peut alors vendre la surface à un autre, ou la louer avec le *fonds*.

77. Le tributaire qui vend son *fonds* à un autre, outre l'acte de vente, en signe généralement un second dit *hoei-tsou-kiu* 會租據, que le *ti-pao* 地保 présente au *fermier* pour l'avertir d'aller trouver le nouveau propriétaire, afin de signer à nouveau l'acte de location. De même, quand le *fermier* vend sa *surface,* il doit amener le colon au propriétaire foncier, pour qu'il signe le nouvel acte de location. Si le *propriétaire foncier* doute de la fidélité du nouveau *fermier*, il peut forcer le premier à se porter garant pour l'autre du paiement

de la location. Le *fermier,* propriétaire de la surface, peut céder à un autre son droit de culture; alors le locataire paie le prix de ferme partie au propriétaire foncier, partie au propriétaire de la surface.

78. A *Tch'ong-ming* 崇明 et à *Hai-men* 海門, le *fonds* s'appelle *tch'eng-mai-kia* 承賣價, et la *surface kouo-t'eou* 遍投. La valeur de la *surface* égale de six à huit fois celle du *fonds.* Aussi le prix de location est-il minime. Le propriétaire de la *surface,* ayant le domaine presque absolu, peut y bâtir, et y construire un tombeau, ce que ne peut faire le propriétaire du *fonds.* Quand quelqu'un achète en même temps le *fonds* et la *surface,* on dresse généralement deux actes, l'un pour le *fonds* et l'autre pour la *surface,* en vue de diminuer les frais de *choei-k'i* 稅契, «validation du contrat» (Cf. n. 63); l'achat de la *surface* ne requiert pas de *validation.*

79. L'origine de la division du domaine entre *fonds* et *surface* n'est pas la même à *Song-kiang* 松江 qu'à *Tch'ong-ming* 崇明 et à *Hai-men* 海門. Le domaine de la *surface* à *Song-kiang* 松江 résulte des *ting-cheou* 頂首 «arrhes» (Cf. n. 80): le locataire en livrant les *arrhes* au propriétaire foncier, acquiert un certain droit *de convenance* à n'être pas évincé de la ferme s'il paie fidèlement son bail. Après plusieurs générations, surtout quand par la vicissitude des choses le domaine *foncier* est passé successivement à plusieurs propriétaires, la famille du locataire restant la même, ce droit *de convenance* devenu héréditaire, se transforme en droit strict. Et si d'autres demandent au locataire de leur céder la culture du terrain, celui-ci, sans se mettre en peine des *arrhes* livrées jadis, vend son droit au plus offrant, Et ainsi le domaine de la *surface* devient distinct du domaine *foncier.* Le domaine de la *surface* à *Tch'ong-ming* 崇明 et à *Hai-men* 海門 doit communément son origine à la condition des terres nouvellement *nées,* qui pour devenir cultivables exigent de grandes dépenses, par ex. en conduits de drainage et en jetées contre les marées. Ceux qui supportent ces frais pour les propriétaires de terrains nouveaux, acquièrent un domaine absolu sur la *surface,* tout en laissant aux propriétaires le droit au *fonds,* parce que ces frais dépassent de beaucoup la valeur de la terre nouvellement *née.*

ARTICLE IX.

LOCATION DE TERRE ET DE MAISON.

—→≡|·✳·|≡←—

80. Quand nous parlons de location de terrain, il est uniquement question de terrain destiné à la culture. Nous n'avons pas à envisager la location d'emplacement pour bâtisses, puisque dans ce dernier cas, la situation du terrain importe seule: le prix de ferme est plus ou moins élevé selon que la position est plus ou moins favorable au commerce et à l'industrie. Du reste, excepté sur les *Concessions européennes,* il est rare qu'on loue une terre à dessein d'y bâtir. Celui qui ne possède pas la *surface* de la terre, en l'affermant livre généralement au propriétaire des *arrhes* appelées *ting-cheou* 頂 首, dont le montant atteint au minimum le fermage de trois ans. Ces arrhes lui sont rendues quand il laisse le terrain, à moins qu'elles ne servent à solder l'arriéré du fermage.

81. Le locataire—soit qu'il donne les *arrhes,* soit que, possédant déjà la *surface* du sol, il en soit dispensé—signe un billet qui s'appelle *jen-t'ien-k'i* 認 田 契, ou *t'ien-yo* 佃 約, ou encore *lan-tchong-p'iao* 攬 種 票, sur lequel sont énoncées en détail toutes les conditions du contrat, et le montant des *arrhes,* si on en a donné. A *Song-kiang* 松 江, le propriétaire donne quelquefois au locataire qui a livré les *arrhes,* un reçu appelé *fou-tou* 付 度.

82. Les baux de fermage sont extrêmement variés quant à la matière et quant à l'époque du paiement; la diversité est encore plus grande par rapport au prix de ferme. C'est qu'il dépend d'une foule de circonstances: 1º du montant des *arrhes* versées. Le prix de ferme est d'autant moins élevé que les *arrhes* sont plus considérables, parce qu'elles sont censées placées à intérêts; 2º de la fertilité du terrain et de sa position avantageuse, s'il est au bord d'un canal qui facilite l'irrigation et le drainage; 3º de la rareté des terres à louer, le nombre et la concurrence des fermiers faisant alors hausser le prix; 4º des avantages procurés par le propriétaire, par ex. s'il fournit au locataire la maison d'habitation, les semences, l'engrais, et les principaux instruments de labour, tel que le *choei-tch'é* 水 車 «noria»; 5º de la dimension réelle des arpents, qui varie avec les contrées (Cf. n. 156, 157). Il n'est pas rare qu'un champ qui a pour l'impôt une contenance nominale et officielle de dix arpents, vaille en réalité par rapport au terrain contigu onze arpents ou neuf seulement. Cette confusion résulte, dit-on, de la fraude employée dans le passé par les propriétaires qui, possédant par exemple un terrain de 500 arpents, le

vendaient successivement par lots, toujours un peu inférieurs à la quantité convenue, en sorte que le dernier lot vendu excédait sa contenance nominale de toute la part soustraite aux premiers. Il est loisible au propriétaire de vendre ce dernier lot plus cher, mais non d'inscrire sur l'acte un nombre d'arpents supérieur au nombre nominal, ni d'en retrancher l'excès pour le garder. Dans le premier cas, le nombre d'arpents dépasseraient le chiffre inscrit dnns le *t'ien-tan* 田 單, «titre légal» (Cf. n. 156, 157.) et dans les registres cadastraux du tribunal, et la fraude serait découverte dès que l'acheteur demanderait à transcrire son nom et le nombre d'arpents sur les registres publics; dans le second cas, le détenteur du reste étant supposé avoir tout vendu, aurait une terre non inscrite sur le cadastre, sans recevoir sa feuille d'impôt à payer: sa contravention serait immédiatement découverte. Quoi qu'il en soit de l'origine de l'erreur, c'est un fait qu'il y a des terrains dont la superficie réelle ne cadre pas avec les dimensions nominales, toutes choses égales d'ailleurs; et le prix de ferme comme le prix de vente, varie d'après la superficie réelle, indépendante du chiffre nominal.

83. Les contrats de location sont donc très variables, suivant la diversité des conditions. Mais pour ne pas ennuyer le lecteur, nous nous contenterons de les résumer brièvement.

1°. Le *mi-tsou* 米租 est un fermage estimé en riz seulement décortiqué mais non mondé. Dans le territoire de *Sou-tcheou* 蘇州 et de *Song-kiang* 松江, la quantité moyenne par arpent est de 9 *t'eou* 斗. Le paiement se réclame à partir de la fin de la 10e lune et souvent se fait en argent, le riz étant estimé au prix courant.

2°. Le *kou-tsou* 穀租 est un fermage évalué en riz non décortiqué. Dans les deux préfectures susdites, le prix moyen est de 180 livres par arpent payable à la 9ème lune.

3°. Le *yu-tsou* 預租 est un fermage payable à l'avance, c.-à-d. au printemps avant les semailles. Le prix moyen est d'environ 2000 sapèques l'arpent.

4°. Le *ts'ieou-tsou* 秋租 est un fermage payable en argent, à l'automne, après la récolte. Le prix moyen est un plus élevé que dans le fermage payable à l'avance.

5°. Le *fen-tchong* 分種 est un fermage où le propriétaire et le locataire partagent entre eux la récolte. Si le propriétaire n'a pas reçu *d'arrhes* du métayer, ou lui a donné la semence et l'engrais, il prend d'ordinaire six dixièmes et le métayer quatre; dans le cas contraire chacun d'eux a la moitié.

6°. Le *i-tsou* 議租 est un mode de location par lequel chaque année, au moment où les récoltes d'automne mûrissent, le propriétaire, représenté par son procureur, et le locataire, après avoir examiné l'état de la moisson dans tous les champs, conviennent de la quantité de fruits à livrer au propriétaire après la récolte. Généralement le propriétaire prend les quatre dixièmes, parce que dans cette sorte de contrat il reçoit des *arrhes* considérables.

7°. Le *pao-san-tan* 包 三 担 est un mode de location où le locataire pour mille pas, c.-à-d. quatre arpents et 40 pas, paie en mai 1
che 石 de blé, en août 1 *che* 石 de maïs (1) et en novembre 1 *che*
石 de fèves. Ce genre de fermage est fréquent à *Tch'ong-ming* 崇 明.

84. Le fermage payable en riz, se divise en *che-tsou* 實 租, «fermage réel», et en *ngo-tsou* 額 租, «fermage nominal», ou *tcheng-tsou*
正 租, «fermage principal». Le fermage réel se paie intégralement
c.-à-d. qu'il faut livrer la quantité inscrite sur l'acte. Pour le fermage
nominal ou *principal,* la somme inscrite comporte une réduction
d'environ 25%. Les propriétaires, pour engager les fermiers à payer
plus tôt, ont coutume de fixer certains jours, en deçà desquels ils
remettent à ceux qui paient 7, 5 ou 3% du prix de ferme.

85. Dans les années où la récolte est au-dessous de l'ordinaire,
les propriétaires accordent une remise proportionnée à la disette. Et
pour déterminer la proportion à remettre, ils se règlent sur les notables, *tong-che* 董 事, administrateurs des établissements de bienfaisance, orphelinats, ou hôpitaux, qui d'après la stérilité de l'année,
décident de la remise à faire à ceux qui afferment les biens de ces
établissements.

86. Dans les années où l'Empereur remet l'impôt impérial en
raison d'une fête, les propriétaires sont obligés par la loi de céder
aux locataires le tiers de l'impôt ainsi remis.

87. Le fermier qui ne paie pas son fermage est condamné par
la loi à recevoir 80 coups de bâton et contraint de payer sa dette.

88. Dans les années communes, le rapport d'un arpent de terre
fertile comme sont les terres de *Sou-tcheou* 蘇 州 et de *Song-kiang*
松 江, déduction faite de l'impôt et autres dépenses, telles que les
cadeaux aux collecteurs d'impôt et le salaire des collecteurs de
fermage, est en général de 800 à 1200 sapèques, quand les fermiers
paient fidèlement. Mais il y en a toujours qui par leur faute ou par
pauvreté réelle, omettent de payer tout ou partie de leur fermage.
Aussi, tout compte fait, on doit s'estimer heureux lorsque le revenu
atteint les huit dixièmes du prix de ferme. On voit ainsi que la rente
annuelle de la propriété foncière est très modique et ne dépasse
guère 3 à 5%. Les riches préfèrent retirer de leur fortune une rente
modeste en la plaçant dans des propriétés foncières, plutôt que d'ex-
poser leurs capitaux à de plus grands risques, en cherchant par
d'autres voies à gagner davantage.

---

(1) Le maïs, en style littéraire *yu-mi* 御 米, s'appelle vulgairement à
Tch'ong-ming 崇 明 *yu-mai* 御 麥, à *Song-kiang* 松 江 *tchen-tchou-mi* 珍 珠 米
ou *ki-teou-sou* 鷄 豆 粟, au nord de *Chang-hai* 上 海 *fan-mai* 番 麥, dans les
provinces septentrionales *pa-eul-mi* 巴 兒 米.

89. Le propriétaire qui loue une maison exige aussi le *ting-cheou* 頂首, «arrhes», dont le montant égale au moins le loyer de trois mois, et au plus celui d'un an. Plus les *arrhes* sont considérables et moindre est le loyer, dont on défalque l'intérêt des *arrhes* compté à 10%. Le locataire signe une pièce appelée *jen-fang-wen-k'i* 賃房文契, où sont inscrits le nombre des chambres et des salles et tout ce qui fait partie de la maison : fenêtres, portes etc., ainsi que le montant des *arrhes* et les conventions du contrat. S'il s'agit d'une maison considérable, on énumère soigneusement dans un autre livret tout ce qui en fait partie, afin qu'au départ du locataire, tout soit rendu intégralement dans l'état consigné. Le locataire signe en outre un livret appelé *tsou-tch'é* 租摺, où l'on inscrit au fur et à mesure les paiements des termes qui se font, suivant les clauses du contrat, soit tous les mois, soit une fois seulement à la fin de l'année, soit trois fois par an : le 5 de la 5ème lune, le 15 de la 8ème et à la fin de de l'année. Pour le mois intercalaire, *joen-yué* 閏月, l'usage est de remettre la moitié du loyer. Si le locataire qui a donné des arrhes considérables, demande un reçu, le propriétaire lui donne un billet qu'on applle *tchao-p'iao* 召票. Quand on passe un contrat de location pour un terrain ou pour une maison, le locataire doit faire des présents aux entremetteurs, aux témoins, etc. (1).

90. A *Chang-hai* 上海, la coutume est que les locataires ajoutent un pour cent au prix du loyer; ce supplément, dit *siao-tsou* 小租, «petit loyer», est distribué aux collecteurs de loyers et aux procureurs du propriétaire, au gré de ce dernier. Cette coutume n'existe pas à *Sou-tcheou* 蘇州; mais partout les locataires offrent des cadeaux aux collecteurs de loyers, pour capter leur faveur, s'assurer leurs bons offices au cas où la maison aura besoin de réparations, et les rendre plus accommodants pour la qualité des sapèques et des piastres et pour l'exactitude à l'époque des échéances.

91. Quand le propriétaire congédie un locataire dont il n'a pas à se plaindre, l'usage veut qu'il lui remette le loyer de trois mois et qu'il le prévienne trois mois à l'avance. Réciproquement, quand le locataire veut quitter une maison, il doit en informer le propriétaire trois mois à l'avance.

92. Les *arrhes* sont rendues au locataire, quand il quitte la maison, à moins qu'il n'ait payé tout son loyer, auquel cas elles servent à solder l'arriéré. Quand une maison louée est détruite par un incendie, le propriétaire peut, d'après la loi, retenir toutes les *arrhes,* si l'incendie a commencé par cette maison; mais il doit en rendre le tiers au locataire, si le feu a commencé par les maisons voisines. Par conséquent, si le locataire veut louer de nouveau la

---

(1) Sur la somme à verser et la manière de la répartir, voir Seconde Partie.

maison après qu'elle a été relevée, il doit donner d'autres *arrhes*. Si la maison se trouve dans un endroit très favorable au commerce, l'incendie est l'occasion d'une augmentation de loyer.

ARTICLE X.

DOCUMENTS OFFICIELS DU CADASTRE.

—→⊒·✳·⊫←—

93. L'an 48 du règne de *K'ien-long* 乾 隆 (1783), les *t'ien-tan* 田 單, documents du cadastre pour tout l'Empire, furent confectionnés et distribués aux propriétaires par les sous-préfets respectifs. Dans la suite, chaque fois qu'une terre augmentait par alluvion, on donnait aux propriétaires des *se-tchao* 司 照, «diplôme du trésorier général», ou des *hien-tchao* 縣 照, «diplôme du sous-préfet». Mais sous le règne de *Hien-fong* 咸 豐, toutes ces pièces ayant été perdues pendant la rébellion, l'Empereur en fit dresser de nouvelles, abrogeant les anciennes qui existaient encore. Les nouvelles pièces furent distribuées à *Chang-hai* 上 海 la 5ᵉ année du règne de *Hien-fong* 咸 豐 (1855); à *Hoa-t'ing* 華 亭 en 1863 et à *Leou-hien* 婁 縣 en 1869 (2ᵉ et 8ᵉ année de *T'ong-tche* 同 治); ailleurs à différentes époques : à *Chang-hai* pour les terres neuves on distribua, la 6ᵉ année du règne de *Hien-fong* 咸 豐 (1856), les *diplômes se-tchao* 司 照, et la 8ᵉ année du règne de *Koang-siu* 光 緒 (1882), les diplômes *hien-tchao* 縣 照. Mais dans plusieurs sous-préfectures, il existe encore bien des terres dont les nouveaux titres, ou n'ont pas été dressés ou n'ont pas été distribués; pour ces terres ce sont les *quittances d'impôt* qui attestent la propriété.

94. Ces *titres officiels* sont annexés au fonds : ils renferment le nom du propriétaire qui le possédait quand fut dressé l'acte, l'étendue de cette terre, la sous-préfecture, la section, le district, le numéro d'ordre, de sorte que chaque terre a son titre propre clairement distinct des autres. Juridiquement celui-là est maître d'une terre, qui en possède le titre légal, à moins qu'on ne prouve qu'il l'a obtenu d'une manière frauduleuse. Car il est facile de contrefaire des actes d'achats, mais non le titre *officiel*. Aux archives du tribunal on garde un registre appelé *pan-yu* 版 輿 ou *ling-hou-tch'é* 領 戶 冊 ou *yu-lin-tch'é* 魚 鱗 冊, où ont été distinctement inscrites toutes les propriétés au moment où l'on en dressait les *titres officiels*.

95. Quand on vend une terre, on en livre le *titre officiel* au nouveau propriétaire, et au bas de l'acte de vente on mentionne cette cession du *titre officiel*. Ainsi le même *titre* passe de main en main, avec le *transfert du domaine*. (Le propriétaire qui vend seulement une *petite* partie de la terre inscrite sur ce *titre*, ne le livre pas à l'acheteur, mais il signe un billet appelé *tai-tan* 代 單, «billet supplémentaire», ou *pi-tan* 劈 單, «billet de partage»; et sur le *titre officiel*

on écrit devant témoins à qui, quand, et quelle partie de la terre contenue dans le *titre* a été vendue. De plus au bas de l'acte de vente on écrit pourquoi le vendeur, qui conserve le *titre,* livre seulement un *billet supplémentaire.* Mais si on vend plus de la moitié du fonds, le vendeur doit livrer son *titre officiel* et l'acheteur signer un *billet supplémentaire,* et au bas du *titre* on indique quelle portion de la terre en question est retenue et par qui. Le *billet supplémentaire* n'est qu'une précaution surérogatoire ; mais il est absolument nécessaire d'indiquer sur le *titre officiel* ce partage de terre ; autrement il serait considéré comme possédé par un seul, et pourrait être hypothéqué dans son intégrité pour un emprunt, et en cas de procès, le propriétaire de la portion vendue sans qu'il en soit fait mention dans le *titre officiel* rencontrerait de grandes difficultés.

96. Les *titres officiels* ne sont jamais renouvelés pour des particuliers. Quelqu'un vient-il à les perdre par suite d'un incendie, d'un vol ou d'un autre accident, il doit adresser une supplique au magistrat local. Celui-ci, après enquête, fait déposer la supplique aux archives du tribunal, afin que si le *titre,* trouvé par un autre, était présenté par lui comme dûment acquis, la perte en pût être prouvée par la supplique gardée aux archives. Quelquefois cependant les magistrats donnent aux propriétaires influents un *yu-tan* 諭 單, «billet muni du sceau», dans lequel mentionnant le cas, ils confirment les droits du propriétaire et annulent le *titre,* s'il existe encore.

97. Quand on vend une terre dont le *titre légal* est perdu, le vendeur doit signer un *tai-tan* 代 單, «billet suppléant», et noter au bas de l'acte de vente quand et comment le *titre* a été perdu, et à quelle époque le magistrat local en a été informé : et en même temps le vendeur livre au nouveau propriétaire les *quittances* de l'impôt des dernières années. Non seulement dans ce cas, mais toujours, l'acheteur demande qu'on lui remette les quittances des dernières années, comme preuve que l'impôt a été payé ; il se soustrait ainsi aux importunités des collecteurs, au cas où l'on s'apercevrait après l'achat que l'impôt n'a pas été payé. De plus, l'acheteur se fait remettre tous les titres antérieurs reçus jadis par le vendeur au moment où il acquérait la propriété, titres qui, signés par les vendeurs précédents et livrés aux acheteurs, sont successivement passés de main en main jusqu'au dernier propriétaire, le vendeur actuel (1). De cette façon le vendeur ne garde aucun titre authentique de la propriété. Au bas du nouvel acte on note le nombre d'actes antérieurs livrés au nouveau propriétaire. Si les actes précédents sont perdus, on l'indique et on

---

(1) Les titres signés par le dernier des vendeurs précédents s'appellent *toei-cheou-k'i* 對 手 契 ; ceux des autres vendeurs antérieurs s'appellent *chang-cheou-k'i* 上 首 契. Les titres munis du sceau mandarinal sont appelés *yn-k'i* 印 契 ou *hong-k'i* 紅 契 ; les actes non encore confirmés s'appellent *pé-k'i* 白契.

ajoute cette clause: «S'il existe d'anciens titres de la même propriété, ils sont nuls et sans valeur.»

98. Le *billet suppléant* qui remplace le *titre légal* se transmet également de main en main avec le *transfert de la propriété*. S'il est perdu, on le remplace lui-même par un second *billet suppléant*.

99. A *Tch'ong-ming* 崇明 et à 海門 *Hai-men*, l'acte légal de la propriété s'appelle *yn-koei* 印歸. A *Tch'ong-ming* 崇明, où les propriétés sont soumises à de continuels changements de superficie, les titres officiels se renouvellent tous les trois ans. A *Hai-men* 海門, on les renouvelait jadis tous les cinq ans. Mais dans ces dernières années, les vexations excessives exercées à cette occasion par les employés de tribunaux déterminèrent quelques propriétaires à adresser un rapport au gouverneur de la province; ils en appelèrent ensuite à la cour suprême *tou-tch'a-yuen* 都察院 à *Pé-king*. L'Empereur, informé par ce tribunal, abolit pour toujours ce renouvellement de titres.

ARTICLE XI.

LE TERRITOIRE DE LA CONCESSION EUROPÉENNE

A *CHANG-HAI* 上 海.

→·≕·∗·≧·←

100. Quand les Européens font un contrat sur les Concessions, vendeur et acheteur doivent se présenter au chancelier du consul et signer un acte officiel, que signe aussi le chancelier, attestant le transfert de la propriété.

101. Dans la Concession anglaise, pour chaque contrat de ce genre, quel qu'en soit le montant, l'acheteur paie cinq piastres au consul. Dans la Concession française, l'acheteur paie une taxe égale à deux centièmes du prix d'achat.

102. L'*acte officiel* dit *tao-k'i* 道 契, est écrit en chinois et en français ou en anglais; il porte le sceau du *tao-t'ai* 道 臺 et des consuls respectifs. Ces *actes officiels* furent confectionnés à l'époque où l'on assigna la *Concession*. Les propriétaires chinois durent alors céder leur terre. Sur ces *actes* il est dit que le *Chinois N. a, pour tel prix, loué à perpétuité (yong-tsou* 永 租), ou, *loué irrévocablement (tsiué-tsou* 絕 租), *telle étendue de terrain à l'Européen N.* (1). Quand un propriétaire européen vend son terrain, ordinairement on ajoute sur l'*acte légal* qne *le sieur N. a loué de nouveau au sieur N.*, et le consul, après l'avoir muni de son sceau, l'envoie au *tao-t'ai* 道 臺 qui y appose encore le sien. Cet *acte* se passe de main en main au nouveau propriétaire et remplace le *t'ien-tan* 田 單 (Cf. Art. X.), sans avoir la même importance; car l'insertion dans les registres du consulat a une plus grande valeur juridique.

103. Sur les Concessions européennes nul Chinois ne peut posséder juridiquement en son nom; aussi quand un Chinois y achète un terrain, il invite toujours un Européen à lui prêter son nom. Cet Européen se présente au chancelier et signe l'acte pour le Chinois. Comme garantie, l'Enropéen remet au Chinois un billet signé, attestant qu'il n'est qu'un prête-nom, et que la propriété appartient au Chinois *N.*

---

(1) Au lieu du mot *vente* on emploie *location*, pour insinuer que l'acheteur étranger n'est pas propriétaire, mais simple locataire. C'est une pure dénomination; car l'acheteur étranger, bien qu'il soit dit louer la terre d'un Chinois, en a le domaine absolu, et le vendeur, qui est dit louer sa terre, n'y a plus aucun droit même nominal.

104. Quand un Chinois revend à un autre Chinois une propriété achetée sous le nom d'un Européen, et que l'acheteur invite un autre Européen à lui prêter son nom, celui qui avait prêté le sien dans l'achat précédent doit ˙se présenter au chancelier et signer l'acte de vente.

105. Sur la Concession européenne, il est convenu entre les consuls et le *tao-t'ai* 道 臺 que l'impôt impérial annuel est de 1500 sapèques par arpent, et qu'on le prélève à la 12ème lune pour l'année suivante.

106. Sur la Concession française, le collecteur de l'impôt est l'agent chinois *ti-pao* 地 保. Le sous-préfet de *Chang-hai-hien* 上 海 縣 lui donne des quittances *pan-tch'oan* 版 串 de même modèle que pour les terrains en dehors de la Concession et portant les noms des propriétaires qui possédaient la terre avant sa cession aux Euro-péens. Le *ti-pao* 地 保 qui garde ces quittances a soin, conformément au pacte conclu entre les consuls et le *tao-t'ai* 道 臺, de faire impri-mer des billets munis du cachet de la banque de *Chang-hai* 上 海 *(Kiang-hai-koan koan-yn-hao* 江 海 關 官 銀 號*)*; sur ces billets qu'il remet au moment de la perception de l'impôt, sont écrits les noms des propriétaires actuels, l'étendue du terrain, la somme à verser. Outre ces billets, le *ti-pao* 地 保 fait aussi imprimer chaque année un registre où sont inscrits en chinois, et en français ou en anglais, les noms des propriétaires, les dimensions du terrain et le montant de l'impôt. Avant de commencer la perception de l'impôt, il présente ce registre au consul pour qu'il y appose sa signature et son sceau. Le *ti-pao* 地 保 ayant reçu l'impôt et donné la quittance aux propri-étaires, leur présente le cahier à signer. Quand la perception de l'impôt est terminée, ce cahier est déposé aux archives du consulat.

107. Sur la Concession anglaise, jadis c'était aussi le *ti-pao* 地保 qui recueillait l'impôt; mais il y a quelques années des particuliers ont obtenu du *tao-t'ai* 道 臺 d'en être chargés. Ils ont fondé une société sous le nom de *nien-tsou-kiu* 年 租 局, «agence de la location annuelle» et sur leurs quittances ils mettent le sceau de leur *société;* ils envoient le *ti-pao* 地 保 distribuer ces quittances et percevoir l'impôt.

108. Ces collecteurs remettent l'impôt ainsi perçu au sous-préfet de *Chang-hai-hien* 上 海 縣. Le sous-préfet n'exige pour la Conces-sion que les contributions ordinaires de son district; or l'impôt impé-rial, au double titre *ts'ao-liang* 漕 糧 et *ti-ting-yn* 地 丁 銀 (Cf. n. 39, 43), ne dépasse jamais 800 sapèques par *meou* (arpent chinois) dans le voisinage de la Concession; les collecteurs qui recueillent 1500 sapèques par *meou,* en donnent environ 800 au sous-préfet et gardent le reste pour leur peine et pour les dépenses qu'entraînent la percep-tion et les cadeaux habituels.

109. Mais quand une année a le mois intercalaire, *l'impôt en argent* est un peu augmenté (Cf. n. 51); d'autres fois aussi en raison

de la cherté du riz, ou de travaux publics comme curage de canaux, construction de pagodes, etc., chaque arpent doit payer quelques dizaines de sapèques additionnelles. Les collecteurs donnent alors un peu plus de 800 sapèques, et il leur reste un boni moindre, les propriétaires de la Concession européenne payant toujours la même somme par arpent, sans s'occuper des sapèques additionnelles.

109°. La 19ème année du règne de *Koang-siu* 光 緒 (1893) le vice-roi de *Nan-king* 南 京, informé de cet excédent d'impôt perçu sur la Concession européenne, ordonna au sous-préfet de *Chang-hai* 上 海 de le faire désormais recueillir non plus par le *ti-pao* 地 保 ou par le *nien-tsou-kiu* 年 租 局, mais par un fonctionnaire spécial, et de réserver l'excédent pour l'entretien des magistrats ou délégués que des affaires détiennent à *Chang-hai.*

ARTICLE XII.

DES DIFFÉRENTS TAUX OU VALEURS DE L'ARGENT.

110. Les sapèques et les piastres mexicaines et espagnoles ont cours pour le commerce; mais pour les transactions plus importantes, on emploie les lingots d'argent non monnayé (1). L'unité de poids d'argent est l'once *liang* 兩, dont les subdivisions décimales sont le *ts'ien* 錢 (0^{once},1), le *fen* 分 (0^{once},01), le *li* 厘 (0^{once},001), le *hao* 毫 (0^{once},0001), etc. (Cf. n. 173).

111. Les lingots, soit lingots officiels ou talents *yuen-pao* 元 寶 (Cf. n. 115, note), soit lingots de poids et de formes diverses, doivent pour avoir cours être préalablement pesés par les *kong-p'ing* 公 平 «peseurs», et estimés par les *kong-kou* 公 佶 «experts»; qui écrivent sur les lingots et sur des billets le poids et l'estimation de la qualité (Cf. Art. XIX).

112. Ces «peseurs» et «experts» sont choisis de commun accord par les *ts'ien-tchoang* 錢 莊, «banquiers», de leurs villes respectives. Ils sont considérés par tout le monde comme honnêtes et habiles connaisseurs en argent.

---

(1) L'or en lingot n'a pas cours 'dans le commerce. C'est sous cette forme que les richards gardent leurs trésors et c'est là son seul usage. L'or se garde de deux manières : en masse fondue longue d'environ 0^m,09, large de 0^m,02 et pesant 360^{gr}; ce genre de lingot s'appelle *kin-t'iao* 金條 «barre d'or»; ou bien en feuilles laminées de l'épaisseur du papier ordinaire, pesant environ 30 grammes, et représentant un carré de 0^m,2 de côté; ce sont les feuilles d'or *kin-yé-tse* 金 葉 子. L'unité de valeur de l'or s'appelle *hoan* 換; par ex. si une once d'or vaut 18 onces d'argent, on dit *che-pa-yn-hoan* 十 八 銀 換. L'or valait quatre fois son poids d'argent au commencement de la dynastie *Ming* 明 (1375), sept ou huit fois sous l'Empereur *Wan-li* 萬 厯 de la même dynastie (1574), et dix fois à la fin de la dynastie (1635); plus de dix fois sous *K'ang-hi* 康 熙 de la dynastie actuelle (1662); plus de vingt fois sous le règne de *K'ien-long* 乾 隆; dix-huit fois au milieu du règne de *Tao-koang* 道 光 (1840), quatorze fois au commencement du règne de *Hien-fong* 咸 豐 (1850); dix-huit fois en moyenne dans les années 1882-1883. En 1893, la valeur de l'or augmenta considérablement et égala 28 fois celle de l'argent; en 1894, 32 fois; au commencement de 1895, 33 fois; mais il baissa un peu et à la fin de l'année, il valait seulement 30 fois plus.

113. A *Sou-tcheou* 蘇 州 il y a deux bureaux : l'un pour le *pesage*, l'autre pour l'*estimation*. A *Chang-hai* 上 海 la même maison remplit ce double office : mais il y a deux bureaux principaux : l'un au nord pour la Concession européenne, l'autre au sud pour la ville chinoise et les faubourgs. Dans les villes qui n'ont pas de bureau spécial, d'ordinaire les banquiers remplissent eux-mêmes cet office.

114. A *Sou-tcheou* 蘇 州, pour mille onces les «peseurs» reçoivent 140 sapèques et les «experts» 500 sapèques de rétribution. A *Chang-hai* 上 海, pour la même valeur, le *pesage* et l'*estimation* tout ensemble coûtent 400 sapèques. (Les *peseurs* et *experts* font une réduction de quelques centièmes de ce prix en faveur des banquiers.) Ces *experts* assument une grave responsabilité. Car si un *lingot* muni de leur signature et mis en circulation est ensuite reconnu contenir du plomb ou quelque autre métal, on peut avoir recours contre eux et ils sont tenus de compenser le déficit; le cas s'est présenté, bien que rarement. Mais s'il y a erreur d'*estimation* sur la qualité de l'argent, on n'en tient pas compte, et le *talent* est reçu dans le commerce pour la valeur attribuée. On ne saurait prouver péremptoirement cette erreur que par la fusion de l'argent, et cela se pratique rarement. Du reste, l'erreur n'est pas de longue durée; elle est rectifiée par une seconde estimation, quand le frottement a effacé l'empreinte de la précédente.

115. Le *ts'ao-p'ing-tsou-che-yn* 漕 平 足 色 銀, «argent pur au poids *ts'ao-p'ing* 漕 平», est celui qui est pris pour base et supposé simplement pur et de qualité ordinaire; si un lingot d'argent est extraordinairement pur, l'*estimation* attribuera un poids *fictif* supérieur à son poids réel; s'il est simplement pur, l'*estimation* lui assignera son poids réel; s'il est de qualité inférieure, le poids assigné par l'*estimation* sera au-dessous du poids réel en proportion de l'alliage. Tout lingot de forme *yuen-pao* 元 寶 dont le poids atteint 50 onces, est en *raison même de sa forme extérieure*, estimé 0 liang, 1 (1 *ts'ien* 錢) au-dessus de son poids réel (1). Ainsi le *Kiang-si-k'ou-pao* 江 西 庫 寶, «talent officiel du trésor au *Kiang-si* 江 西», étant coté argent éminemment pur, les «experts», outre la *surestimation* de 0 liang, 1 (1 *ts'ien* 錢) à cause de sa pureté exceptionnelle, lui attribuent encore 0 liang, 1 (1 *ts'ien* 錢) au-dessus de son poids réel *en raison de sa forme*. En sorte que ce talent, s'il a un poids réel de 52 *liang* 兩, passera dans le commerce pour 52 *liang*, 2 (52 *liang* 兩, 2 *ts'ien*). —

---

(1) Le lingot d'argent de forme *yuen-pao* 元 寶, pesant 50 onces, fondu par ordre de l'Empereur, avait déjà cours la 5ᵉ année du règne de *Tch'eng-ngan* 承 安 de la dynastie *Kin* 金 (1200). La raison pour laquelle ce lingot d'argent en vertu de sa forme est *estimé* au-dessus de son poids, est, semble-t-il, l'approbation officielle dont il est muni, et qui lui vaut plus de crédit dans le commerce.

Le *pen-se-pao* 本 司 寶, «talent officiel du *Kiang-sou*», est considéré comme argent simplement pur et par conséquent augmenté seulement de o *liang*, 1 (1 *ts'ien* 錢) *en raison de sa forme*. — Les talents officiels des autres provinces sont considérés comme argent moins pur et *estimés* o *liang*, 1 (1 *ts'ien* 錢) au-dessous de leur poids; mais cette perte est compensée par l'augmentation de o *liang*, 1 (1 *ts'ien* 錢), *qu'ils doivent à leur forme*. Les *tou-yang-pao* 杜 煬 寶, «talents de fonte privée», et autres lingots de toute forme et de tout poids, sont généralement d'argent plus ou moins impur, et l'estimation des *experts* sur 5o onces enlève de o *liang*, 2 (2 *ts'ien* 錢) à 3 *liang* 兩 au poids réel. Aussi il arrive qu'un lingot de 49 *liang* 兩, à cause de son impureté, passe dans le commerce pour moins de 48 *liang* 兩. Cette méthode d'apprécier l'argent est invariablement suivie dans le commerce à *Sou-tcheou* 蘇 州 et dans plusieurs autres villes du *Kiang-sou* 江 蘇.

116. Les talents *yuen-pao* 元 寶 sont de forme et de poids différents. Ceux qui sont fondus officiellement au *Kiang-si* 江 西 pèsent 51 *liang* 兩 et sont carrés; ceux du *Kiang-sou* 江 蘇 sont de 51 *liang* 9 (51 *liang* 兩, 9 *ts'ien* 錢) et de forme ovale; ceux du *Ngan-hoei* 安 徽, d'environ 55 *liang* 兩 et de forme oblongue; ceux du *Koang-tong* 廣 東, d'environ 55 *liang* 兩 et de forme à peu près ovale; ceux du *Koan-tong* 關 東 (Mandchourie), de 53 *liang* 兩 environ et de forme légèrement oblongue. Les autres lingots d'argent dits *ting* 錠 sont ronds et pèsent entre 3 et 30 *liang* 兩.

117. Le *kieou-pa-teou-koei-yn* 九 八 荳 規 銀, «argent de 98 sur 100 employé dans le commerce des fèves», est la base de l'argent de pureté moyenne; plus les *talents* dépassent en pureté cette base, plus l'*estimation* augmente leur poids réel. Ainsi le *talent* officiel du *Kiang-si* 江 西 qui est d'argent éminemment pur, est, en raison de sa qualité, estimé 3 *liang* 兩 au-dessus de son poids réel. — Le *talent* officiel du *Kiang-sou* 江 蘇 est augmenté de 2 *liang* 9 (2 *liang* 兩, 9 *ts'ien* 錢). Les autres *talents* sont augmentés plus ou moins suivant qu'ils sont plus ou moins supérieurs à la base (1). S'ils sont simplement égaux à la base, on ne les augmente pas. S'ils sont inférieurs à la base, on les estime au-dessous de leur poids réel. Outre cette addition au poids réel, faite par les *experts*, à raison de la qualité supérieure des lingots, il y en a une autre, dite d'*accroissement intrinsèque*, en vertu de laquelle on ajoute 2 pour cent du poids déjà

---

(1) Le *talent* dont on augmente le poids de 2 *liang*, 9 (2 *liang*, 兩, 9 *ts'ien* 錢) s'appelle *eul-kieou-pao* 二九寶; celui qu'on augmente de 2 *liang*, 8 (2 *liang* 兩, 8 *ts'ien* 錢) s'appelle *eul-pa-pao* 二八寶; celui qui est augmenté de 2 *liang*, 7 (2 *liang*, 7 *ts'ien)* s'appelle *eul-ts'i-pao* 二 七 寶, et ainsi de suite.

évalué par les *experts* (1). Ainsi le *talent* officiel du *Kiang-si* 江 西 ayant 52 *liang* 兩 de poids réel, grâce à cette double augmentation (savoir : 1° augmentation de 3 onces, en raison de la qualité; 2° addition de 2 centièmes par *augmentation intrinsèque)*, passe dans le commerce pour 56 *liang*,1224489... (56 *liang* 兩 1 *ts'ien* 錢 2 *fen* 分 2 *li* 厘 4 *hao* 毫 4 *se* 絲 8 *hou* 忽 9 *wei* 微) (2). Le *talent* officiel du *Kiang-sou* 江 蘇, s'il a 52 *liang* 兩 de poids réel, après la double augmentation, est *estimé* 56 *liang*,0204081... (56 *liang* 兩 2 *fen* 分 4 *hao* 毫 8 *hou* 忽 1 *wei* 微). Le talent officiel des autres provinces, s'il a 52 *liang* 兩 de poids réel, après la double augmentation, est porté par *l'estimation* à 55 *liang*,918367... (55 *liang* 兩 9 *ts'ien* 錢 1 *fen* 分 8 *li* 厘 3 *hao* 毫 6 *se* 絲 7 *hou* 忽). (Cf. Art. XIII.) Cette méthode d'appréciation de l'argent n'est en usage de temps immémorial qu'à *Chang-hai* 上 海; et l'addition des deux centièmes lui a valu le nom de *kieou-pa-yn* 九 八 銀, ou *kieou-pa-yuen* 九 八 元.

---

(1) *L'augmentation intrinsèque* est une opération par laquelle on ajoute : 1° les deux centièmes du poids déjà estimé ; 2° les deux centièmes de cette augmentation de poids ; 3° les deux centièmes de cette nouvelle augmentation et ainsi de suite jusqu'à une augmentation *minima* au delà de laquelle il est inutile de poursuivre. Cette *augmentation* est appelée *intrinsèque* parce qu'elle ne consiste pas en une simple addition, mais en des additions successives procédant par *progression géométrique* jusqu'à un nombre minime (Cf. n. 122, 123.)

(2) Ce *talent* officiel du *Kiang-si* 江 西 ayant un poids réel de 52 onces, dans l'unité *koei-yn* 規 銀, vu l'addition de 3 onces en raison de sa qualité, passe pour 55 onces ; mais à cause de l'*augmentation intrinsèque*, à ces 55 onces il faut ajouter leurs deux centièmes, soit 1 *liang* 1 (1 *liang* 兩 1 *ts'ien* 錢), puis les deux centièmes de ces deux centièmes soit 0 *liang*, 022 (2 *fen* 分 2 *li* 厘); puis les deux centièmes de ces deux nouveaux centièmes, soit 0 *liang*), 00044 (4 *hao* 毫 4 *se* 絲); puis encore les deux centièmes de ces 0 *liang*, 00044, soit 0 *liang* 00 00088 (8 *hou* 忽 8 *wei* 微) et enfin les deux derniers centièmes, savoir 0 *liang* 000 000 176 (1 *wei* 微 1 *sien* 纖 6 *cha* 沙) ; et ainsi de suite. L'addition du tout donnera la somme indiquée plus haut.   Exemple :

52	Poids réel du talent.
3	Addition en raison de sa qualité.
1, 1	
0, 022	
0, 00044	Addition de deux centièmes.
0, 0000088	
0, 000000176	
56, 1224489...	Poids en unité *koei-yn*

118. Le *talent* qui d'après le *tsou-ché-yn* 足色銀 «première estimation» (n. 115) est diminué de 0 *liang*,1 (1 *ts'ien* 錢) qu'on lui restitue d'ailleurs pour *raison extrinsèque de sa forme,* est d'après le *koei-yn* 規銀 «seconde estimation» (n. 117), augmenté de 2 *liang*,8 (2 *liang* 兩 8 *ts'ien* 錢). — Le *talent* qui n'est pas augmenté d'après la seconde estimation, étant par la première estimation augmenté à l'ordinaire de 0*liang*,1 (1 *ts'ien* 錢), pour *raison extrinsèque de sa forme,* subit une diminution de 2 *liang*,8 (2 *liang* 兩 8 *ts'ien* 錢). — Les *talents* de quantité notablement inférieure à la base de la seconde estimation, ne sont pas admis dans le commerce à *Chang-hai* 上海, mais ils ont cours à *Sou-tcheou* 蘇州; et l'estimation diminue leur poids en raison de leur qualité.

ARTICLE XIII.

RÉDUCTION DU POIDS RÉEL DE L'ARGENT

A L'UNITÉ *KOEI-YN* 規 銀.

—⇥•✳•⇤—

PREMIER MODE.

119. Dans l'unité *koei-yn* 規 銀 le poids de l'argent est en partie fictif et comprend trois éléments: 1° le poids réel: 2° l'augmentation du poids en raison de la qualité, d'après l'estimation par les *experts;* 3° l'*accroissement* dit *intrinsèque* des deux centièmes. Ce troisième élément s'obtient par plusieurs multiplications successives, savoir, en multipliant par 0,02 d'abord la somme des deux premiers éléments, puis le produit ainsi obtenu, puis le produit de ce premier produit, puis le nouveau produit et ainsi de suite jusqu'aux fractions trop petites pour entrer en ligne de compte.

120.   EXEMPLE.

1er élément en *liang :*	52	Poids réel d'un talent.
2e élément en *liang :*	2,8	Augm. à raison de la qualité.

$$A = 54,8 \text{ Somme.}$$

3e élém.
$$\begin{cases} A \times 0,02 = B = 1,096 \\ B \times 0,02 = C = 0,02192 \\ C \times 0,02 = D = 0,0004384 \\ D \times 0,02 = E = 0,000008768 \\ E \times 0,02 = \text{etc} \ldots\ldots\ldots \end{cases}$$ Augmentation intrinsèque de deux centièmes.

55,918367168 Somme des trois éléments, poids d'argent selon l'unité *koei-yn*, répondant à un poids réel de 52 onces.

121.   AUTRE EXEMPLE.

1er élément en *liang :*	102,2	Poids réel de deux talents.
2e élément en *liang :*	5,6	Augm. à raison de la qualité.

$$A = 107,8 \text{ Somme.}$$

3e élém.
$$\begin{cases} A \times 0,02 = C = 2,156 \\ B \times 0,02 = C = 0,04312 \\ C \times 0,02 = D = 0,0008624 \\ D \times 0,02 = E = 0,000017248 \\ E \times 0,02 = \text{etc} \ldots\ldots\ldots \end{cases}$$ Augmentation intrinsèque de deux centièmes.

109,999999648 Somme totale selon l'unité *koei-yn*, répondant au poids réel de 102, 2 onces.

DEUXIÈME MODE.

122. L'unité d'argent *koei-yn* 規 銀, comme on l'a dit (n. 119)' comprend trois éléments: 1° le poids réel de l'argent; 2° l'augmentation de poids d'après l'estimation des *experts* en raison de la qualité; 3° l'*accroissement intrinsèque* des deux centièmes. Cet *accroissement intrinsèque* consistant à ajouter deux centièmes aux deux premiers éléments par une série d'additions qui forment une *progression géométrique décroissante,* la somme totale du poids en unité *koei-yn* 規 銀 peut donc s'obtenir en multipliant *l'expression géométrique* (qui est invariable) par la somme du premier élément: la somme des produits partiels égale la valeur de l'argent dans l'unité *koei-yn* 規 銀.

123.   EXEMPLE.

```
           1,
           0,0 2
           0,0 0 0 4
           0,0 0 0 0 0 8
           0,0 0 0 0 0 0 1 6
           1,0 2 0 4 0 8 1 6   Somme géométrique.

en liang.          5 4 8   Somme des deux premiers éléments.
           8 1 6 3 2 6 5 2 8
           4 0 8 1 6 3 2 6 4   } Produits partiels.
           5 1 0 2 0 4 0 8 0   )

           5 5,9 1 8 3 6 7 1 6 8   Total: poids selon l'unité koei-yn.
```

TROISIÈME MODE.

124. Dans l'unité *koei-yn* 規 銀, *l'augmentation intrinsèque* de deux centièmes ajoutée aux deux premiers éléments, étant dans la proportion de 100 à 98, la somme totale *koei-yn* 規 銀 peut s'obtenir en divisant la somme des deux premiers éléments par 0,98. Le quotient obtenu sera le montant de la somme dans l'unité *koei-yn* 規 銀.

125.   EXEMPLE. .

```
Deux premiers  }  5 4,8 0 0 0 0 0 | 0,9 8
éléments en liang. }
               4 9,0               5 5,9 1 8 3 6   Quotient: poids selon
               ───                                 l'unité koei-yn.
               5 8 0
               4 9 0
               ─────
               9 0 0
               8 8 2
               ─────
               1 8 0
                 9 0
               ─────
               8 2 0
               7 8 4
               ─────
               3 6 8
               2 9 4
               ─────
               6 6 0
               5 8 8
               ─────
```

ARTICLE XIV.

RÉDUCTION DE L'UNITÉ *KOEI-YN* 規 銀 AU POIDS RÉEL.

—→⊱ ⊹ ✳ ⊱←—

126. La somme d'argent dans l'unité *koei-yn* 規 銀, on l'a vu (n° **122**), se compose d'un triple élément : 1° du poids réel; 2° de l'augmentation du poids estimé par les *experts* en raison de la qualité; 3° de l'*augmentation intrinsèque* des deux centièmes; et elle s'obtient en multipliant l'*expression géométrique* par les deux premiers éléments. La somme *koei-yn* 規 銀 peut donc être réduite aux deux premiers éléments par l'opération inverse, c.-à-d. en la divisant par l'*expression géométrique*. Le quotient obtenu représentera la somme des deux éléments; et si de cette somme on enlève le second élément, savoir l'augmentation du poids estimé par les *experts* en raison de la qualité, le reste sera le poids réel.

127. EXEMPLE.

Somme selon l'unité *koei-yn* (en *liang*).

$$55,918367168 \mid 1,02040816 \text{ Somme géométrique}$$
$$51,0204080 \mid 54,8 \qquad \text{Quotient.}$$
$$\begin{array}{r} 489795916 \\ 408163264 \\ \hline 816326528 \\ 816326528 \end{array}$$

Deux premiers éléments (en *liang*) : 54,8 Quotient.
Augment. à raison de la qualité : 2,8

52. Poids réel.

128. La somme *koei-yn* 規 銀 s'obtenant aussi (Cf. n° **124**) en divisant le total des deux premiers éléments par 0,98; on peut en obtenir le poids réel : 1° en la multipliant par 0,98; 2° en retranchant du produit ainsi obtenu l'augmentation de poids ajoutée en raison de la qualité.

7

129.   EXEMPLE.

Somme selon l'unité ⎱ 5 5,9 1 8 3 6 7 1 6 8
koei-yn (en *liang*). ⎰   0,9 8
                      _____
                      4 4 7 3 4 6 9 3 7 3 4 4
                      5 0 3 2 6 5 3 0 4 5 1 2
                      _____
                      5 4,7 9 9 9 9 8 2 4 6 4 Produit. Compter 54,8.

Deux premiers éléments (en *liang*) : 5 4,8 Produit.
Augment. à raison de qualité :   2,8 Produit.
                          Reste 5 2. Poids réel.

ARTICLE XV.

MESURES DE CAPACITÉ.

—◄◼·❋·◼►—

130. L'unité de mesure de capacité est le *che* 石, dont les subdivisions décimales sont: le *teou* 斗, le *cheng* 升, le *ko* 合, le *cho* 勺, le *tch'ao* 抄, le *tso* 撮, le *koei* 圭, le *sou* 粟, le *kouo* 粿 ou 稞, le *li* 粒, le *chou* 黍, le *tsi* 稷, le *k'ang* 糠, le *pi* 粃, le *si* 秕, le *hou* 禾, (dont chacune est le dixième de celle qui la précède immédiatement). Ces expressions techniques sont usitées dans les actes légaux.

131. Pour mesurer les grains on emploie d'ordinaire une triple mesure: 1° le *hou* 斛, qui est la moitié du *che* 石; 2° le *teou* 斗, dixième du *che* 石; 3° le *cheng* 升, centième partie du *che* 石. Pour exprimer les capacités des mesures on prend le *hou* 斛 comme unité.

132. Le *tche-hou* 制斛 ou *ts'ao-hou* 漕斛 est le système officiel employé dans le mesurage du *ts'ao-mi* 漕米 «riz de l'impôt impérial». Dans ce système 1 *che* 石 égale environ 103$^{litr.}$,10. Afin que cette mesure soit uniforme dans tout l'Empire, le *hou-pou* 戶部, «ministère de l'impôt», conserve un *hou* 斛 en fer et en envoie un de même dimension à tous les mandarins préposés aux contributions dans les provinces. Les sous-préfets se procurent des *hou* 斛 en bois, qu'ils envoient au mandarin *liang-tao* 糧道; celui-ci les confronte avec son *hou* 斛 de fer, les marque de son sceau, puis les renvoie aux sous-préfets.

133. La 28e année du règne de *K'ien-long* 乾隆 (1763), le censeur impérial *Ou Cheou-tchao* 吳綬詔, voyant que la mesure de capacité employée par le peuple variait avec les contrées, présenta un rescrit à l'Empereur, demandant que pour l'uniformité la mesure légale fût imposée partout avec sanction. Le Tribunal impérial chargé d'examiner la proposition, après mûre délibération répondit: «Que les mesures et poids divers avaient depuis les temps les plus reculés libre cours parmi le peuple, le prix des objets étant proportionné à la grandeur de la mesure. Enjoindre l'uniformité de mesure serait gravement molester le peuple; la proposition du censeur devait donc être passée sous silence.»

134. Bien qu'on soit libre de se fabriquer une mesure à son gré, les marchands de chaque contrée, afin de régler le commerce, se sont entendus pour faire adopter dans toutes les boutiques de la contrée une mesure uniforme. C'est pourquoi à la chambre de la communauté des commerçants on conserve comme étalon un *hou* 斛 en bois cerclé de fer, et toutes les boutiques de la contrée sont tenues de

présenter au bureau de la communauté chaque nouveau *hou* 斛 qu'elles se procurent, pour être comparé avec l'étalon et marqué du poinçon de la société. Et comme, à la longue, ces mesures en bois sont susceptibles de s'user et de varier un peu, il est établi qu'au moins une fois chaque année, vers l'équinoxe d'automne, ou deux fois par an, au printemps et à l'automne, à une date fixée, toutes les mesures seront apportées à cette chambre de commerce pour être de nouveau confrontées avec l'étalon et revêtues du sceau. La comparaison se fait en mesurant des grains de poivre rouge. Toute mesure trouvée inexacte est sur-le-champ modifiée et rectifiée. Pour chaque mesure ainsi modifiée on donne un certificat où sont minutieusement notées les modifications faites. Un magasin convaincu d'avoir employé un *hou* 斛 dépourvu du sceau ou frauduleusement modifié, est par conseil public condamné à une amende au profit de la communauté des commerçants.

135. Ainsi, bien que variant avec les diverses contrées, les mesures approuvées dans un pays par la communauté des commerçants, sont généralement fixes et uniformes. Leur capacité respective est connue de presque tout le monde, et elles sont désignées dans les contrats de vente et prises comme type de comparaison pour les mesures inconnues. Elles ont des noms particuliers tirés généralement du pays même. En voici quelques exemples:

136.   RAPPORT DE DIVERS *CHE* 石 AU LITRE.

1 蘇州楓斛 *Sou-tcheou-fong-hou*	105,03 (1)
2 婁門斛 *Leou-men-hou*	105,03
3 封門斛 *Fong-men-hou*	105,03
4 齊門斛 *Ts'i-men-hou*	105,03
5 胥門斛 *Siu-men-hou*	105,87
6 閶門斛 *Tch'ang-men-hou*	106,4
7 蘇州城內斛 *Sou-tcheou-tch'eng-nei-hou*	104,3 (2)
8 陸墓斛 *Lou-mou-hou*	106,71 (3)
9 唯亭斛 *Wei-t'ing-hou*	113,43 (3)
10 里口斛 *Li-k'eou-hou*	110,28 (3)
11 松江西灘斛 *Song-kiang-si-t'an-hou*	121,74
12 上海海斛 *Chang-hai-hai-hou*	119,35 (4)
13 上海廟斛 *Chang-hai-miao-hou*	107,41 (5)

(1) Cette mesure est la plus connue non seulement à *Sou-tcheou* 蘇州 mais encore dans d'autres villes.

(2) Cette mesure est employée dans les boutiques où on vend le riz au détail.

(3) Grands bourgs aux environs de *Sou-tcheou* 蘇州.

(4) Mesure employée à *Chang-hai* 上海 pour mesurer le riz.

(5) Mesure employée à *Chang-hai* 上海 pour mesurer les fèves.

14 常 熟 河 斛 *Tch'ang-chou-ho-hou*........................... 108,61

15 常 熟 白 塲 斛 *Tch'ang-chou-pé-tch'ang-hou*............ 110

16 無 錫 塘 斛 *Ou-si-t'ang-hou*............................... 105,03

17 無 錫 西 門 斛 *Ou-si-si-men-hou* 105,63

18 無 錫 西 柵 斛 *Ou-si-si-tch'é-hou*........................... 106,22

19 嘉 定 斛 *Kia-ting-hou*..................................... 109,4

20 泗 涇 斛 *Se-king-hou*...................................... 124,13 (1)

21 崇 明 運 斛 *Tch'ong-ming-yun-hou*......:............... 125,7

22 通 州 西 門 斛 *T'ong-tcheou-si-men-hou.* 123,05

23 姜 灶 港 斛 *Kiang-tsao-kiang-hou*........................ 145,61 (2)

---

(1) Grand bourg au nord de *Song-kiang* 松 江

(2) Grand bourg au N. E. de *T'ong-tcheou* 通 州, où il se fait un très grand commerce de riz.

ARTICLE XVI.

DES POIDS.

—◄═┤·✱·┤═►—

137. L'unité de poids pour l'argent et les choses précieuses est le *liang* 兩 «once» (1). Il a pour sous-multiples décimaux : le *ts'ien* 錢, le *fen* 分, le *li* 厘, le *hao* 毫, le *se* 絲, le *hou* 忽, le *wei* 微, le *sien* 纖, le *cha* 沙, le *tch'en* 塵, le *miao* 渺, le *mo* 漠, le *ngai* 埃, le *tsiun* 邈, le *siun* 巡, le *siu* 須, chacune de ces parties étant le dixième de la précédente. Ces expressions techniques s'emploient dans les actes légaux.

---

(1) 1° Une once d'argent au poids *ts'ao-p'ing* 漕 平, au commencement du règne de *K'ien-long* 乾 隆 (1736) valait 700 sapèques ; au milieu du même règne (1780) 900 ; au commencement du règne de *Kia-k'ing* 嘉 慶 (1796) 1400 ; au commencement du règne de *Hien-fong* 咸 豐 (1853) 2 000. Dans ces derni-ères années.(1881-1883) l'once d'argent valait communément de 1600 à 1700 sapèques. La valeur de l'argent ayant baissé en 1893, une once du poids *ts'ao-p'ing* 漕 平 valait 1500 sapèques, et cette année (1895) elle ne vaut plus que 1400 sapèques.

2° L'unité *liang* 兩 s'emploie aussi pour les sapèques, 700 sapèques s'appellent 1 *liang* 兩 ; par ex. pour 70,000 sapèques on dira *ts'i-tché-ts'ien-i-pé-liang* 七折錢一百兩, 800 sapèques s'appellent aussi 1 *liang* 兩, ainsi pour 24,000 sapèques, on dira *pa-tché-ts'ien-san-che-liang* 八 折 錢 三 十 兩.

3° Une ligature de 1000 sapèques s'appelle *ts'ien* 千, *tch'oan* 串 ou *min* 緡. Pour 1,000,000 de sapèques on dira *i-ts'ien-tch'oan* 一 千 串 de préférence à *i-ts'ien-ts'ien* 一 千 千.

4° A *Chang-hai* 上海 et dans les villes voisines, 990 sapèques et à l'ouest de la Province du *Kiang-sou* 江蘇, 980, 975 ou même moins, s'appellent *i-ts'ien* 一 千, un mille. Aussi dans les transactions on a soin de déterminer combien de sapèques représenteront un mille. Quand il y en a réellement 1000 dans 1 *i-ts'ien* 一 千, cela s'appelle *t'ong-tsou-ts'ien* 通 足 錢 sapèques bien comptées.

5° A *Tch'ong-ming* 崇 明 et à *Hai-men* 海 門, 800 sapèques s'appellent *i-koa* 一 挂 et 2400 *san-koa* 三 挂.

6° Le *tiao* 吊 est une unité monétaire qui à *Nieou-tchoang* 牛 莊 égale 160 sapèques, à *Koan-tong* 關 東, 164 et à *T'ien-tsin* 天 津, 500. Dans ces mêmes villes on emploie aussi l'unité *tiao* 吊 pour compter les sapèques. Ainsi 1600,1640,5000 sapèques constituent respectivement *che-tiao-ts'ien* 十吊錢.

138. Dans les transactions ordinaires, les fractions de poids d'argent se comptent jusqu'aux millièmes d'once *(li* 厘) inclusivement: o *liang,* 0006 (6 *hao* 毫) passent pour o *liang,* 001 (1 *li* 厘), o *liang,*0004 (4 *hao* 毫) pour rien; o *liang,* 0005 (5 *hao* 毫), pour o *liang,* 001 (1 *li* 厘) ou pour rien *ad libitum.*

139. Un *liang* 兩 d'après la convention franco-chinoise, égale 37 *gram.* 783125. Et 1 gramme égale o *liang,* 026457 (2 *fen* 分, 6 *li* 厘, 4 *hao* 毫, 5 *se* 絲, 7 *hou* 忽).

140. Un *liang* d'après le poids légal *k'ou-p'ing* 庫平, employé pour le trésor public, égale 37 *gram.* 32; mais quand on envoie l'argent au trésorier métropolitain, 1 *liang,* égale 37 *gram.* 417.

141. Dans les douanes, 1 *liang* égale environ 38 grammes. Ce poids s'appelle *koan-p'ing* 關平.

142. Le *liang* 兩 employé vulgairement varie avec les contrées. Un *liang* de la livre de *Sou-tcheou* 蘇州, appelée *ts'ao-p'ing* 漕平, égale 36 *gram.* 612 (1). A *Chang-hai* 上海 on emploie la même livre avec une petite différence: le *liang* 兩 y vaut, en effet, 36 *gram.* 63. Le système de poids *ts'ao-p'ing* 漕平 usité à *Sou-tcheou* 蘇州 a également cours dans les villes voisines, telles que *Song-kiang* 松江, etc.

VALEUR RESPECTIVE DES DIFFÉRENTES UNITÉS DE POIDS D'ARGENT.

1°. *Koan-p'ing-yn* 關平銀	100 *liang*=*koei-yn*	規銀 111 *liang* 4.
2°. *K'ou-p'ing-yn* 庫平銀	,, ,, *koei-yn*	規銀 110 ,, (2).
3°. Poids fixé par le traité français 100 *liang*=*koei-yn*	規銀 111 ,, .
4°. ,, ,, ,, 100 *liang*=*ts'ao-p'ing-yn* 漕平銀103 ,, 2.
5°. *Koei-yn* 規銀 ,, ,, ,, ,, ,, ,, 92 ,, 4.
6°. *Koan-p'ing-yn* 關平銀 ,, ,, ,, ,, ,, 103 ,, 572.
7°. *K'ou-p'ing-yn* 庫平銀 ,, ,, ,, ,, ,, 102 ,, 2.
8°. ,, ,, ,, ,, =*Siang-p'ing-yn*湘平銀103 ,, 63(3).

143. Les marchands qui vont faire le commerce dans les autres contrées, emportent ordinairement la balance *t'ien-p'ing* 天平 de leur pays, ou la petite balance *teng-tse* 戥子, ou des cents de sapèques préalablement pesées à la balance de leur contrée et qu'ils emploient comme terme de comparaison avec les poids étrangers.

144. L'unité de poids pour les choses moins précieuses est le *kin* 斤, «la livre», qui se subdivise en 16 parties appelées aussi *liang* 兩. Cent livres font un *tan* 擔.

---

(1) Un gramme égale 0 *liang,* 027313... (2 *fen* 分, 7 *li* 厘, 3 *hao* 毫, 1 *se* 絲, 3 *hou* 忽, 4 *wei* 微).

(2) En réalité seulement 109 *liang* 6.

(3) Cette unité a cours dans la Province du *Hou-nan* 湖南; au *Kiang-sou* 江蘇 on l'emploie surtout pour la solde des soldats qui sont du *Hou-nan* 湖南.

145. Il y a différentes livres désignées par des noms différents. La balance s'appelle *tch'eng* 秤. Souvent une même balance porte inscrites sur des points différents du fléau, deux ou trois espèces de livres.

146. Pour énoncer la différence des diverses livres, on les ramène à l'unité du système *ts'ao-ping* 漕 平. Elles sont néanmoins toujours divisées en seize parties, quel que soit le nombre d'onces *ts'ao-p'ing* 漕 平 qu'elles contiennent. Voici quelques spécimens :

147.   VALEUR DE DIVERSES LIVRES EN GRAMMES.

1 天平秤 *T'ien-p'ing-tch'eng*	*liang* 16	= grammes 585,79	(1)
2 會舘秤 *Hoei-koan-tch'eng*	,, 14,4	,, ,, 527,213	(2)
3 萊陽秤 *Lai-yang-tch'eng*	,, 17	,, ,, 622,404	(3)
4 蘇州折秤 *Sou-tcheou-tché-tch'eng* ,,	15,3	,, ,, 560,16	(4)
5 正紗秤 *Tcheng-cha-tch'eng*	,, 19,8	,, ., 724,918	(5)
6 折庄秤 *Tché-tchoang-tch'eng*	,, 19,3	,, ,, 706,6	(6)
7 塘秤 *T'ang-tch'eng*	,, 21,12	,, ,, 773,25	(7)
8 Convention franco-chinoise		604,53	

148. Dans le commerce, quand on emploie une livre dont on ignore le nom et le poids, on la ramène à l'unité de poids *ts'ao-p'ing* 漕 平, et suivant le nombre de *liang* 兩 *ts'ao-p'ing* 漕 平 qu'elle pèse, on l'appellera par ex. livre de 20 *liang*, *eul-che-liang-tch'eng* 二 十 兩 秤, ou *che-tsi-liang-san-ts'ien-tch'eng* 十 七 兩 三 錢 秤.

149. La livre, comme on l'a vu, indépendamment du nombre de *liang* 兩 *ts'ao-p'ing* 漕 平 qu'elle contient, se subdivisant toujours en 16 parties qui s'appellent aussi *liang* 兩, on se sert pour simplifier les calculs, d'une table comparative, où toutes ces parties sexdécimales sont réduites à un *quotient* obtenu en divisant la livre par 16. Voici cette table :

---

(1) Cette livre est presque universellement employée au *Kiang-sou* 江蘇. Ce *liang* 兩 est celui du poids *ts'ao-ping* 漕平.

(2) Cette livre a cours à *Chang-hai* 上 海, où l'on conserve à la chambre chinoise de commerce une masse de cuivre appelée *t'ang-tsiu* 糖砠, dont le poids égale 122 livres 會 舘 秤 *hoei-koan-tch'eng* et qui sert à rectifier les balances de même espèce.

(3) Employée à *Chang-hai* 上 海, qui l'emprunte à *Lai-yang* 萊 陽.

(4) Employée à *Sou-tcheou* 蘇 州.

(5) Employée à *Hai-men* 海 門.

(6) Employée à *Tch'ong-ming* 崇 明.

(7) Employée en diverses contrées.

150. ## KIN-LIANG-FA 斤 兩 法.

TABLE DES VALEURS DU *LIANG*
ET DE SES MULTIPLES,
EN FRACTIONS DÉCIMALES.

Liang	Fractions des livres	Liang	Fractions des livres
1	0,0625	9	0,5625
2	0,125	10	0,625
3	0,1875	11	0,6875
4	0,25	12	0,75
5	0,3125	13	0,8125
6	0,375	14	0,875
7	0,4375	15	0,9375
8	0,5	16	1.

151. Par exemple : étant donné 2 livres, 6 *liang* 兩 de fruits à
78 sapèques la livre, on écrit le nombre de livres tel quel, 2, et on
remplace les *liang* 兩 par leur *quotient* 0,375 pour 6 *liang* 兩, d'après
le tableau ci-dessus. En faisant la multiplication, on obtient le prix
total 185 sap., 25.

152. CALCUL.

En livres : 2,3 7 5 Deux livres et six *liang* 兩.
7 8 Prix d'une livre, en sapèques.
_____
1 9 0 0 0
1 6 6 2 5
_____
En sapèques : 1 8 5,2 5 0 Prix de deux livres et six *liang*.

ARTICLE XVII.

MESURES DE LONGUEUR.

—⇒•*•⇐—

153. L'unité de longueur est le *tch'e* 尺 «pied», subdivisé par raison décimale en *tsuen* 寸, *fen* 分, *li* 厘, *hao* 毫, *se* 絲, *hou* 忽, *wei* 微, *sien* 纖. 10 pieds font 1 *tchang* 丈.

154. Le *tch'e* 尺 varie de grandeur et de nom d'après les espèces mesurées et selon les pays. Nous donnerons quelques variétés de *pieds*.

Rapport de divers pieds au mètre.

1. 營造尺 *Yng-tsao-tch'e* 0,30734
2. 蘇州木尺 *Sou-tcheou-mou-tch'e* 0,276
3. 上海木尺 *Chang-hai-mou-tch'e* 0,28
4. 蘇州官尺 *Sou-tcheou-koan-tch'e* 0,341
5. 常熟官尺 *Tch'ang-chou-koan-tch'e* 0,351
6. 上海官尺 *Chang-hai-koan-tch'e* 0,356
7. Pied de la convention franco-chinoise................... 0,358

155. Les surfaces de terre se mesurent au *kong* 弓. Subdivisions décimales : *fen* 分, *li* 釐, *hao* 毫, *se* 絲, *hou* 忽, *wei* 微, *sien* 纖.

156. La mesure légale *kong* 弓, qui vaut cinq pieds de la mesure *yng-tsao-tch'e* 營造尺, égale 1^{mètre}, 5367 (60 *inches* and a half). Il y a quelques années cette mesure a été prescrite par la loi pour l'arpentage des terrains qui augmentent par alluvion; pour les terres anciennes, on reste libre d'employer la mesure traditionnelle en usage dans le pays [1]. La mesure traditionnelle juridiquement admise dans le territoire de *Chang-hai* 上海, égale 1^m, 673 (66 *inches*). Il y a quelques années le *tao-t'ai* de *Chang-hai* 上海道 l'a accordée au consul anglais. Mais à la campagne on emploie encore deux autres mesures traditionnelles dont l'une égale 1^m, 69 et l'autre 1^m, 77.

157. A *Tch'ong-ming* 崇明 où les alluvions nécessitent de fréquents arpentages, la mesure traditionnelle *kong* 弓 égale 1^m, 72.

---

[1] Cette disposition légale n'est pas toujours observée. Ainsi cette année (1882) on a mesuré la terre nouvelle sur le bord du *Hoang-p'ou* 黃浦, et seuls les terrains vendus plus cher ont été mesurés avec la mesure légale (1^m,5367). Pour les autres on s'est servi de la mesure traditionnelle (1^m, 673).

Jadis sous les *Ming* 明, on érigea devant le tribunal du sous-préfet une pierre de cette hauteur, qui devait servir à régler la longueur du *kong* 弖 et à la conserver invariable. Pour l'arpentage des terres, on s'y sert plus fréquemment d'une mesure appelée *tchang-pé* 丈帛, faite avec de minces lattes de bambou et ayant 10 *kong* 弖 de longueur, c.-à-d. 17^m, 2.

158. 360 *kong* 弖 font un *li* 里, grandeur variable comme le *kong* 弖.

159. Le *kong* 弖 carré s'appelle *pou* 步 «pas», et 240 *pou* 步 font 1 *meou* 畝 «arpent». Subdivisons décimales: *fen* 分 (24 pas), *li* 釐 (2 pas, 4) *hao* 毫 (0 pas, 24), *se* 絲, *hou* 忽, *wei* 微, *sien* 纖.

ARTICLE XVIII.

DE L'ESTIMATION DES BOIS DE CHARPENTE
EN FONCTION DE LA CIRCONFÉRENCE.

—→⇌·*·⇋←—

16o. La province du *Kiang-sou* 江 蘇 ne produisant pas les arbres dits *chan-mou* 杉 木, presque uniquement employés comme bois de construction, on importe les bois du *Kiang-si* 江 西, de *Hou-koang* 湖 廣 et du *Fou-kien* 福 建; il s'en fait un grand commerce.

161. On mesure le tour des troncs d'arbres au *wei-mié* 圍 篾, mince lamelle de bambou. Unité: *tch'e* 尺 *«pied»*; subdivisions décimales: *tsuen* 寸 et *fen* 分; sans plus. On néglige les fractions de 1 à 3 *fen* 分; on compte pour 5 *fen* 分 ou ½ *tsuen* 寸 les fractions de 4 à 7 *fen* 分; et pour 1 *tsuen* 寸 les fractions de 8 ou 9 *fen* 分.

162. La circonférence des troncs d'arbres, généralement coniques, diminuant de la base au sommet, sera prise communément à six pieds *mou-tch'e* 木 尺 de la base. Les bois longs de moins de 12 pieds *mou-tch'e* 木 尺 se mesurent simplement par le milieu.

163. L'unité de mesure ici encore varie de nom et de grandeur avec les pays. Exemples :

164.   Diverses mesures de circonférence

(RAPPORTÉES AU MÈTRE).

1. 南 京 公 正 灘 尺 *Nan-king-kong-tcheng-t'an-tch'e* 0,351
2. 鎭 江 西 邦 正 灘 尺 *Tchen-kiang-si-pang-tcheng-t'an-tch'e*. 0,342
3. 會 同 方 灘 尺 *Hoei-t'ong-fang-t'an-tch'e* 0,341
4. 蘇 州 公 正 灘 尺 *Sou-tcheou-kong-tcheng-t'an-tch'e* 0,34
5. 上 海 會 同 灘 尺 *Chang-hai-hoei-t'ong-t'an-tch'e* 0,336

165. La valeur des arbres augmente naturellement avec leur épaisseur, en raison du volume lui-même et aussi de la rareté. Mais si l'on voulait soumettre cette augmentation relative de valeur à un calcul exactement proportionnel à ce double titre, elle aurait des degrés presque infinis ; pour faciliter ce calcul on a de temps immémorial fait une table de *supputation* où les dimensions de circonférence de 7 *tsuen* 寸 à 5 *tch'e* 尺 (1) sont ramenées à l'unité *liang* 兩

---

(1) Les arbres dont la circonférence dépasse 5 *tch'e* 尺 s'estiment arbitrairement d'après leur volume.

et à ses subdivisions décimales *ts'ien* 錢, *fen* 分, *li* 釐, *hao* 毫 ; et toutes ces dimensions sont partagées en dix groupes, de sorte que l'augmentation de prix pour le double motif susdit ne se fait que d'un groupe à l'autre, et est la même pour toutes les dimensions d'un même groupe.

166. (LAO) LONG-TS'IUEN-MA-KIA [老] 龍 泉 碼 價.

(VIEILLE) TABLE DE SUPPUTATION.

Circonférence. Tch'e, tsuen, fen.				Unité de réduction. Liang, ts'ien, fen, li, hao.					
0,	7		Supputation :	0,	0	1			
0,	7	5	...........,,............0,	0	1	2	5		différ. 0,0025. [2 li 5 hao.]
0,	8		...........,,............0,	0	1	5			
0,	8	5	...........,,............0,	0	1	7	5		
0,	9		...........,,............0,	0	2				
0,	9	5	...........,,............0,	0	2	2	5		
1,			...........,,............0,	0	2	5			
1,	0	5	...........,,............0,	0	3				
1,	1		...........,,............0,	0	3	5			diff. 0,005. [5 li.]
1,	1	5	...........,,............0,	0	4				
1,	2		...........,,............0,	0	4	5			
1,	2	5	...........,,............0,	0	5	2	5		
1,	3		...........,,............0,	0	6				
1,	3	5	...........,,............0,	0	6	7	5		différ. 0,0075. [7 li 5 hao.]
1,	4		...........,,............0,	0	7	5			
1,	4	5	...........,,............0,	0	8	2	5		
1,	5		...........,,............0,	0	9				
1,	5	5	...........,,............0,	1	0	5			
1,	6		...........,,............0,	1	2				
1,	6	5	...........,,............0,	1	3	5			différ. 0,015. [1 fen 5 li]
1,	7		...........,,............0,	1	5				
1,	7	5	...........,,............0,	1	6	5			
1,	8		...........,,............0,	1	8				
1,	8	5	...........,,............0,	2	0	5			
1,	9		...........,,............0,	2	3				
1,	9	5	...........,,............0,	2	5	5			
2,			...........,,............0,	2	8				
2,	0	5	...........,,............0,	3	0	5			
2,	1		...........,,............0,	3	3				différence 0,025. [2 fen 5 li.]
2,	1	5	...........,,............0,	3	5	5			
2,	2		...........,,............0,	3	8				
2,	2	5	...........,,............0,	4	0	5			
2,	3		...........,,............0,	4	3				
2,	3	5	...........,,............0,	4	5	5			
2,	4		...........,,............0,	4	8				
2,	4	5	...........,,............0,	5	0	5			
2,	5		...........,,............0,	5	3				

Circonférence. Tch'e, tsuen, fen.				Unité de réduction. Liang, ts'ien, fen.			
2,	5	5	Supputation :	0,	5	8	*différence 0,05. [5 fen.]*
2,	6			0,	6	3	
2,	6	5		0,	6	8	
2,	7			0,	7	3	
2,	7	5		0,	7	8	
2,	8			0,	8	3	
2,	8	5		0,	8	8	
2,	9			0,	9	3	
2,	9	5		0,	9	8	
3,				1,	0	3	
3,	0	5		1,	1	3	*différence 0,1. [1 ts'ien]*
3,	1			1,	2	3	
3,	1	5		1,	3	3	
3,	2			1,	4	3	
3,	2	5		1,	5	3	
3,	3			1,	6	3	
3,	3	5		1,	7	3	
3,	4			1,	8	3	
3,	4	5		1,	9	3	
3.	5			2,	0	3	
3,	5	5		2,	2	3	*différence 0,2. [2 ts'ien.]*
3,	6			2,	4	3	
3,	6	5		2,	6	3	
3,	7			2,	8	3	
3,	7	5		3,	0	3	
3,	8			3,	2	3	
3,	8	5		3,	4	3	
3,	9			3,	6	3	
3,	9	5		3,	8	3	
4,				4,	0	3	
4,	0	5		4,	4	3	*différence 0,4. [4 ts'ien.]*
4,	1			4,	8	3	
4,	1	5		5,	2	3	
4,	2			5,	6	3	
4,	2	5		6,	0	3	
4,	3			6,	4	3	
4,	3	5		6,	8	3	
4,	4			7,	2	3	
4,	4	5		7,	6	3	
4,	5			8,	0	3	
4,	5	5		8,	8	3	*différence 0,8. [8 ts'ien.]*
4,	6			9,	6	3	
4,	6	5		10,	4	3	
4,	7			11,	2	3	
4,	7	5		12,	0	3	
4,	8			12,	8	3	
4,	8	5		13,	6	3	
4,	9			14,	4	3	
4,	9	5		15,	2	3	
5,				16,	0	3	

167. La *table de supputation* ci-dessus est appelée *long-ts'iuen* 龍
泉 du nom d'une sous-préfecture du *Kiang-si* 江 西, où elle fut
employée pour la première fois. On lui ajouta plus tard le surnom
de *lao* 老 «vieille», pour la distinguer des autres tables qui furent
adoptées dans la suite. Cette *vieille table,* bien que d'un usage
moins universel qu'autrefois, est cependant encore employée telle
quelle dans certaines villes, telles que *Sou-tcheou* 蘇 州, *Tch'ang-chou*
常 熟 *T'ai-ts'ang* 太 倉, etc.

168. Au siècle dernier la vieille table fut modifiée pour les douze
premiers nombres, c.-à-d. depuis 0 *tch'e*, 7 (7 *tsuen* 寸) jusqu'à 1 *tch'e*
25 (1 *tch'e* 尺, 2 *tsuen* 寸, 5 *fen* 分) inclusivement; mais pour les
autres nombres la nouvelle table ne diffère pas de la première, comme
on peut le constater ci-dessous (n. 169). Cette nouvelle table fut,
dit-on, employée d'abord dans le grand bourg de *Tcha-p'ou* 乍 浦
(dans la sous-préfecture *P'ing-hou* 平 湖 au *Tché-kiang* 浙 江); elle
est maintenant adoptée dans beaucoup de villes, par ex. à *Chang-hai*
上 海, etc.

169. (SIN) LONG-TS'IUEN-MA-KIA [新] 龍 泉 碼 價.

(Nouvelle) TABLE DE SUPPUTATION.

Circonférence.				Unité de réduction.				
Tch'e,	tsuen,	fen.		Liang,	ts'ien,	fen,	li,	hao.
0,	7		Supputation : 0,	0	1	5		
0,	7	5...........,,...........0,		0	1	7	5	
0,	8	.............,,...........0,		0	2			
0,	8	5.............,,...........0,		0	2	2	5	
0,	9	.............,,...........0,		0	2	5		
0,	9	5.............,,...........0,		0	2	7	5	
1,		.............,,...........0,		0	3			
1,	0	5.............,,...........0,		0	3	5		
1,	1	.............,,...........0,		0	4			
1,	1	5.............,,...........0,		0	4	5		
1,	2	.............,,...........0,		0	5			
1,	2	5.............,,...........0,		0	5	5		
1,	3	.............,,...........0,		0	6			

(accolade supérieure) differ. 0,0025. (2 li 5 hao.)
(accolade inférieure) differ. 0,005. (5 li)

Pour le reste, conforme à la vieille table, voir n. 166.

170. A *Nan-king* 南 京 il existe une autre table qui diffère de la
vieille pour les seize premiers nombres, c.-à-d. depuis la dimension
0*tch'e* 7 *tsuen* 寸 jusqu'à 1 *tch'e* 45 (1 *tch'e* 尺, 4 *tsuen* 寸, 5 *fen* 分)
inclusivement, et qui est la même pour les autres chiffres (Cf. n. **171**).
De plus, d'après cette table, les arbres dont la circonférence n'atteint
pas un *tch'e* 尺, s'appellent *pou-teng-mou* 不 等 木 «arbres d'ordre
inférieur» et ils ont la même *unité de réduction.*

171. NAN-KING-MOU-MA-KIA 南京木碼價.

TABLE EN USAGE A *NAN-KING.*

Circonférence. Tch'e, tsuen, fen.	Unité de réduction. Liang, ts'ien, fen, li.
0, 7	
0, 7 5	
0, 8	
0, 8 5	Supputation : 0, 0 2
0, 9	
0, 9 5	
1	0, 0 3
1, 0 5	0, 0 3 5
1, 1	0, 0 4
1, 1 5	0, 0 4 5
1, 2	0, 0 5
1, 2 5	0, 0 5 5
1, 3	0, 0 6
1, 3 5	0, 0 6 5
1, 4	0, 0 7
1, 4 5	0, 0 8
1, 5	0, 0 9

différence 0,005. (5 li.)
différ. 0,01 (1 fen)

Pour le reste, conforme à la vieille table, voir n. 166.

172. *L'unité de réduction* est invariable, comme on l'a vu dans les tables qui précèdent. Mais la valeur de cette *unité* change suivant le cours du commerce, la qualité et la longueur des arbres, longueur qui ne se mesure pas, mais s'estime approximativement. Les bois *chan-mou* 杉木 venus du *Kiang-si* 江西 sont de meilleure qualité que ceux du *Hou-koang* 湖廣, qui eux-mêmes l'emportent sur ceux du *Fou-kien* 福建. Les bois de *Ou-yuen* 婺源 (sous-préfecture du *Ngan-hoei* 安徽) sont de première qualité; mais on ne les importe à *Chang-hai* 上海 que coupés en billots courts. Le prix estimé en lingots d'argent s'appelle *yn-koan* 銀貫; estimé en piastres, on l'appelle *yang-koan* 洋貫, et *ts'ien-koan* 錢貫 s'il est apprécié en sapèques. Une once d'argent, une piastre et mille sapèques s'appellent respectivement 1 *koan* 貫.

173. Par exemple, deux troncs d'arbres ont pour circonférence l'un 2 *tch'e* 尺 et l'autre 3 *tch'e* 尺 : *l'unité de réduction* vaut en piastres 12 *koan* 貫; en faisant la multiplication, on obtient un prix total de 15 piastres, 72.

174.

Circonférence.	
Tronc de 2 *tch'e*	0,2 8 Unité de réduction.
Tronc de 3 *tch'e*	1,0 3 Unité de réduction.

1,3 1   Leur somme.
  1 2   Prix de l'unité en piastres.
———
2 6 2
1 3 1
———
1 5,7 2   Prix des deux troncs en piastres.

ARTICLE XIX.

APPENDICES.

INSCRIPTIONS DU TAUX ET DU POIDS DE LINGOTS.

175. Pour qu'un lingot d'argent soit admis dans le commerce, comme nous l'avons dit dans l'Article XII, il doit préalablement être estimé et pesé par des experts, qui doivent écrire eux-mêmes la valeur et le poids sur les lingots et sur des certificats qu'ils délivrent. Les lettres numérales qu'ils emploient dans ces inscriptions sont de forme spéciale et illisibles pour ceux qui ne sont pas initiés.

Nous donnerons donc ces lettres dans une quadruple série, objet de quatre appendices :

APPENDICE I. Inscriptions de réduction de valeur employées à *Sou-tcheou* 蘇 州.

APPENDICE II. Inscriptions d'augmentation de valeur employées sur la Concession européenne à *Chang-hai* 上 海.

APPENDICE III. Inscriptions d'augmentation employées dans la ville chinoise de *Chang-hai* 上 海.

APPENDICE IV. Inscriptions de poids.

—·≒·*·≒·—

Voir page 86 un cinquième Appendice, sur les désignations de superficie.

9

INSCRIPTIONS DE RÉDUCTION DE VALEUR

EMPLOYÉES A SOU-TCHEOU.

représente les deux caractères *ts'ing choei* 青 水, «purifier» ou «réduire». La réduction est exprimée en *liang* 兩, et sous-multiples décimaux: *ts'ien* 錢, *fen* 分, par le reste du sigle, comme l'indiquent les chiffres arabes que nous ajoutons au-dessous.

| 0,02 | 0,03 | 0,05 | 0,07 | 0,08 |

| 0,10 | 0,12 | 0,13 | 0,15 | 0,17 |

0,18   0,20   0,22   0,23   0,25

0,27   0,28   0,30   0,32   0,33

0,35   0,37   0,38   0,40   0,42

0,43   0,45   0,47   0,48   0,50

0,52   0,53   0,55   0,57   0,58

0,60   0,62   0,63   0,65   0,67

0,68 0,70 0,72 0,73 0,75

0,77 0,78 0,80 0,82 0,83

0,85 0,87 0,88 0,90 0,92

0,93	0,95	0,97	0,98	1,00

1,02	1,03	1,05	1,07	1,08

1,10	1,15	1,20	1,25	1,30

1,35   1,40   1,45   1,50   1,55

1,60   1,65   1,70   1,75   1,80

1,85   1,90   1,95   2,00   2,10

2,20   2,30   2,40   2,50   2,60

2,70   2,80   2,90   3,00

APPENDICE II.

INSCRIPTIONS D'AUGMENTATION DE VALEUR

EMPLOYÉES SUR LES CONCESSIONS EUROPÉENNES

A CHANG-HAI.

Au-dessus de chaque inscription, il faut mettre le caractère *chen* 申 «augmentation».

L'augmentation est exprimée par ces sigles en *liang* 兩 et sous-multiples décimaux: *ts'ien* 錢, *fen* 分, comme l'indiquent les chiffres arabes que nous ajoutons au-dessous.

| 0,50 | 0,60 | 0,70 | 0,80 |

| 0,90 | 1,00 | 1,10 | 1,20 |

| 1,30 | 1,40 | 1,50 | 1,60 |

| 1,70 | 1,80 | 1,90 | 2,00 |

| 2,10 | 2,20 | 2,30 | 2,35 |

2,40   2,45   2,50   2,55

2,60   2,65   2,70   2,75

2,80   2,85   2,90   3,00

APPENDICE III.

INSCRIPTIONS D'AUGMENTATION DE VALEUR

EMPLOYÉES DANS LA VILLE CHINOISE

DE CHANG-HAI.

Ce signe représente la lettre *chen* 申 «augmenter.» Les *kong-kou* 公 佔 «appréciateurs d'argent» l'emploient à dessein ainsi que d'autres lettres *rationnelles* transformées, ou plutôt déformées, afin que ceux-là seuls qui ont la pratique de ces inscriptions puissent apposer une *estimation* d'argent sur les lingots, manière de prévenir les substitutions de fausse *estimation*. Il y a cependant des faussaires, bien que rares, qui imitant parfaitement ces inscriptions, inscrivent de fausses *estimations* sur les lingots pour leur donner plus de valeur qu'ils n'en ont réellement.

C'est pourquoi les commerçants prudents n'acceptent pas de lingots qu'ils n'aient auparavant constaté si leurs inscriptions sont avouées par les *kong-kou* 公 佔 eux-mêmes. Quand on découvre de fausses inscriptions, le faussaire est recherché, et puni d'une amende, s'il est découvert et convaincu. A *Chang-hai* 上 海, comme il a été dit au N° 113, il y a deux *bureaux d'estimation,* l'un au nord de la ville pour la Concession européenne, l'autre au sud pour la ville (chinoise) et les faubourgs. L'*estimation* d'un *bureau* n'est ni reconnue ni reçue dans le territoire de l'autre. Les lingots estimés dans une *banque,* si on les transporte en dehors de son territoire, doivent donc être à nouveau estimés par l'autre *banque* et munis de ses inscriptions, après qu'on a effacé celles de la première banque.

La partie inférieure du sigle exprime l'augmentation en *liang* 兩 et sous-multiples décimaux : *ts'ien* 錢, *fen* 分, comme l'indiquent les chiffres arabes que nous ajoutons au-dessous.

1,00   1,10   1,20   1,45

1,50   1,70   2,10   2,15

2,20   2,25   2,30   2,35

2,40   2,45   2,50   2,55

2,60   2,65   2,70   2,75

2,80   2,85   2,90   3,00

APPENDICE IV.

INSCRIPTIONS DE POIDS.

Les poids sont énoncés par ces sigles en *liang* 兩 et sous-multiples décimaux : *ts'ien* 錢, *fen* 分, comme l'indiquent les chiffres arabes que nous ajoutons au-dessous.

| 48,00 | 48,01 | 48,02 | 48,11 | 48,20 |

| 48,40 | 48,50 | 48,54 | 48,70 | 49,00 |

| 49,11 | 49,24 | 49,45 | 49,50 | 49,51 |

11

49,63	49,80	49,99	50,00	50,01

50,02	50,10	50,28	50,30	50,47

50,53   50,54   51,00   51,10   51,24

51,30   51,38   51,47   51,56   51,81

51,97   52,00   52,01   52,14   52,37

52,44   52,52   52,73   52,87   52,95

53,00   53,01   53,10   53,17   53,26

53,40   53,50   53,54   53,70

APPENDICE V.

SIGNES TECHNIQUES

INDIQUANT LA SUPERFICIE DES TERRAINS.

On a observé plus haut (Art. IV, n. 37) que les employés des tribunaux, pour marquer les superficies de terrains, usent d'une écriture spéciale, *chou-che* 署 式 «sigles de greffe», secret professionnel qu'ils ne livrent pas volontiers, et qu'il nous semble à propos de publier.

Ces sigles, et leur traduction en chiffres arabes, indiquent des *meou* 畝 et leurs sous-multiples décimaux *fen* 分, *li* 厘, *hao* 毫.

Le *meou* 畝 (n. 159), estimé suivant l'unité de longueur 營造尺 (n. 156), vaut 0^{hect}0567.

| 0,001 | 0,002 | 0,003 | 0,004 | 0,005 | 0,006 | 0,007 | 0,008 |

| 0,009 | 0,010 | 0,011 | 0,020 | 0,022 | 0,030 | 0,033 | 0,040 |

| 0,044 | 0,050 | 0,055 | 0,060 | 0,066 | 0,070 | 0,077 | 0,080 |

| 0,088 | 0,090 | 0,099 | 0,100 | 0,101 | 0,102 | 0,103 | 0,104 |

| 0,105 | 0,200 | 0,206 | 0,300 | 0,307 | 0,400 | 0,408 | 0,500 |

| 0,509 | 0,600 | 0,612 | 0,700 | 0,723 | 0,800 | 0,834 | 0,900 |

0,956	1,000	1,001	2,000	2,002	3,000	3,003	4,000

4,004	5,000	5,005	6,000	6,006	7,000	7,007	8,000

8,008	9,000	9,009	10,00	10,01	11,00	11,02	12,00

12,03	13,00	13,04	14,00	14,05	15,00	15,06	16,00

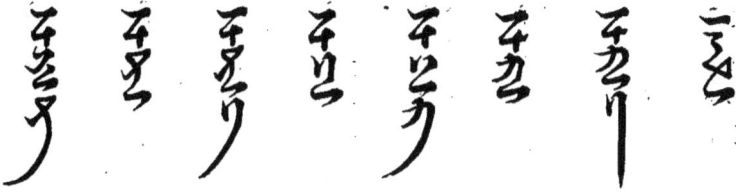

16,07	17,00	17,08	18,00	18,09	19,00	19,80	20,00

20,10	20,20	20,30	20,40	20,50	20,60	20,70	20,80

20,90	21,00	21,10	21,20	21,30	22,00	22,40	23,00

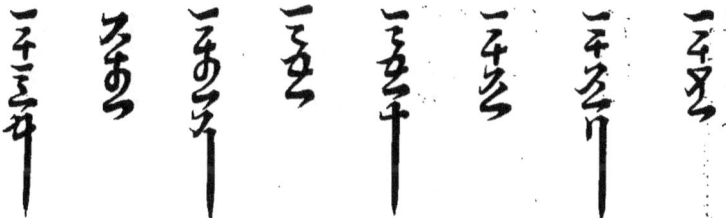

23,50	24,00	24,60	25,00	25,70	26,00	26,80	27,00

12

| 27,90 | 28,00 | 28,91 | 29,00 | 29,99 | 30,00 | 30,001 | 31,00 |

| 31,002 | 32,00 | 32,003 | 33,00 | 33,004 | 34,00 | 34,005 | 35,00 |

| 35,006 | 36,00 | 36,007 | 37,00 | 37,008 | 38,00 | 38,009 | 39,00 |

| 39,10 | 40,00 | 40,01 | 41,00 | 41,02 | 42,00 | 42,03 | 43,00 |

43,04	44,00	44,05	45,00	45,06	46,00	46,07	47,00

47,08	48,00	48,09	49,00	49,10	50,00	50,10	51,00

51,20	52,00	52,30	53,00	53,40	54,00	54,50	55,00

55,60	56,00	56,70	57,00	57,80	58,00	58,90	59,00

59,99	60,00	61,00	62,00	63,00	64,00	65,00	66,00

67,00	68,00	69,00	70,00	71,00	72,00	73,00	74,00

75,00	76,00	77,00	78,00	79,00	80,00	81,00	82,00

83,00	84,00	85,00	86,00	87,00	88,00	89,00	90,00

| 91,00 | 92,00 | 93,00 | 94,00 | 95,00 | 96,00 | 97,00 | 98,00 |

| 99,00 | 100,00 | 100,001 | 200,00 | 200,012 | 300,00 | 300,24 | 400,00 |

| 401,30 | 500,00 | 502,40 | 600,00 | 605,60 | 700,00 | 706,70 | 800,00 |

| 808,90 | 900,00 | 910,00 | 911,00 | 912,00 | 913,00 | 914,00 | 915,00 |

九七	九七	九七	九七	九七	九七	九七	九七

916	917	918	919	920	930	940	950

九七	九七	九七	九七	九七	一十七	一十七	二十七

960	970	.980	990	999	1000	1100	2000

二十三七	一百七	二百七	三百一十七

2300	1000	20000	31000

SECONDE PARTIE.

MODÈLES D'ACTES ET DE DOCUMENTS OFFICIELS.

—⇒|·✳·|⇐—

AVERTISSEMENT.

Les pièces suivantes n'occupent qu'une feuille dans les contrats originaux; mais le format des *Variétés* ne nous permettant pas de les donner pour la plupart en une seule page, pour les actes qui comprendraient deux pages du présent livre, nous ferons commencer le texte chinois par la page de droite, afin que l'acte imprimé se rapproche le plus possible de la forme de l'original.

Dans la traduction annotée qui suit chaque acte ou document, nous renvoyons directement, par des chiffres placés entre parenthèses, aux numéros de la première Partie, réservant le bas des pages pour quelques explications nouvelles de peu d'étendue.

Nous faisons précéder ce formulaire d'une pièce officielle qui, vu son importance, nous semble mériter la priorité. Elle est la dernière expression du droit qu'ont les missions catholiques d'acquérir des immeubles en Chine, et c'est à ce titre que nous la reproduisons, réservant pour une étude plus complète l'exposition des droits des missionnaires.

Le droit d'achat par les missions catholiques de terrains et de maisons à l'intérieur de la Chine repose sur les traités signés entre la France et la Chine en 1858 et 1860, ainsi que sur la convention Berthemy, conclue le 20 Février 1864. — Des difficultés ayant surgi à l'occasion de cette convention, M. Gérard, Ministre actuel de France en Chine, a obtenu par son indomptable énergie, d'abord, de rétablir, ou plutôt, de maintenir son texte, puis d'y ajouter des modifications explicatives, et enfin de le faire parvenir par le *Tsong-li-ya-men* aux autorités provinciales avec ordre de le publier partout. Nous donnons ci-joint le texte définitif envoyé par le *Tsong-li-ya-men* aux Provinces, avec la traduction faite à la Légation de Pékin.

大法欽命駐劄上海總理各口本國事務總領事呂　抄錄

大法欽差全權大臣駐劄中國京都總理本國事務施　與

大清欽命總理各國事務大臣議定章程

嗣後法國傳教士如入內地置買田地房屋其契據內寫明立文契人某

某此係賣產人姓名賣爲本處天主堂公產字樣不必專列傳教士及奉

教人之名立契之後天主堂照納中國律例所定各賣契稅契之費多寡

無異賣業者毋庸先報明地方官請示准辦

光緒 二十一 年 五 月　日給

TEXTE DÉFINITIF

DE LA

CONVENTION

RELATIVE A L'ACQUISITION DE TERRAINS
ET DE PROPRIÉTÉS

PAR L'ÉGLISE CATHOLIQUE

ARRÊTÉE ENTRE LE GOUVERNEMENT IMPÉRIAL CHINOIS

ET S. EXC. M. GÉRARD, MINISTRE DE LA RÉPUBLIQUE FRANÇAISE

A PÉKIN, 21-26 MAI 1895.

—•≒•*•≡•—

Nous, Dubail, Consul général de la République Française à *Chang-hai,* transcrivons ci-dessous la convention conclue entre M. Gérard, ministre de la République Française en Chine, et les grands Ministres, membres du *Tsong-li-ya-men* :

« A l'avenir, si des missionnaires français vont acheter des terrains et des maisons dans l'intérieur du pays, le vendeur (tel ou tel, son nom) devra spécifier, dans la rédaction de l'acte de vente, que sa propriété a été vendue pour faire partie des biens collectifs de la mission catholique de la localité. Il sera inutile d'y inscrire les noms du missionnaire ou des chrétiens. La mission catholique, après la conclusion de l'acte, acquittera la taxe d'enregistrement fixée par la loi chinoise pour tous les actes de vente, et au même taux (1). Le vendeur n'aura ni à aviser les autorités locales de son intention de vendre, ni à demander au préalable leur autorisation. »

En l'année 21ᵐᵉ de *Koang-siu,* 5ᵉ lune,... jour, cet acte a été délivré.

---

(1) De ceci il résulte que la note (3) n. 2°, insérée au bas de la page 25, I Part., vraie à l'époque où elle était écrite, doit être aujourd'hui corrigée; il y est dit que seule la convention américaine (Part. 12) porte une clause soumettant les biens acquis par les sujets des États-Unis à l'article de la loi concernant le *choei-k'i* 稅契.

賣田文契是實

四至 東至得業 南至原業 西至官路 北至半溝

隨契一併收足田價漕平足兌紋銀若干兩正

光緒某年某月 某日 立活賣租糧或糧田文契 趙甲

見賣叔某

原中某

中證某

圖甲某

甲某

代筆某

立活賣租糧或糧田文契趙甲。為因正用。今將自置坐落某邑某保某區

某圖某字圩內第幾號。則田若干畝正央中說合賣與

萬原堂為本處

天主堂公產。三面議得時值漕平足兌紋銀若干兩正。其銀當立契日。一併收

足。不另立收票。並無貸債準折此田的係己產。並無門房上下有分人爭

執。及重疊交易。如有等情。出產人理直與得業者無涉。自賣之後。任憑過

戶完賦管業耕種。或召佃收租。言定幾年為期。年滿之日。原價回贖。如無

原價。仍聽管業。此係自願。決無異言。欲後有憑。立此活賣租糧或糧田文

契為照。

　　計開

　交某花戶執業印單幾紙。對手印契稅尾幾紙。上首老契幾紙。近年

糧串幾紙。

I. ACTE DE VENTE DE TERRE RÉVOCABLE.

Moi, *Tchao Kia,* auteur de cet acte de vente révocable (n. 20) de terre, dans un besoin d'argent pour un usage honnête, ayant invité des entremetteurs (n. 16) à faire l'accord, à présent je vends au Temple du Principe de tous les êtres, pour être le fonds commun de l'Église de cette contrée (n. 36), la pleine propriété [ou le fonds] (n. 75) de *tant* d'arpents de terre (1) soumis à l'impôt légal (2), dont je suis devenu propriétaire par moi-même (3), et cadastrés sous le n° *tant* du quartier qui porte le caractère N., au *t'ou...,* au *k'iu...,* au *pao...,* de la sous-préfecture N (4). — Après délibération des trois parties (5), nous sommes tombés d'accord pour la somme de *tant* d'onces d'argent pur au poids complet de *ts'ao-p'ing* (n. 142), prix actuel de la propriété. Cette somme m'a été payée en une seule fois ce jour même où j'écris cette pièce, en dehors de laquelle je n'ai pas écrit d'autre reçu; il n'y a eu non plus aucune retenue du prix à raison de dettes à payer. — Ces terres sont ma propriété et personne de la famille, soit supérieur soit inférieur, ne me la conteste; de plus il n'y a pas eu de double vente (6). Si de semblables affaires se présentaient, moi le vendeur j'en serais seul responsable, elles ne regarderaient pas l'acheteur. — A partir du moment de la vente, l'acheteur, à son gré, fera le changement de nom du propriétaire (n. 32), paiera le tribut, fera valoir les terres en les cultivant lui-même [ou appellera des fermiers pour en recevoir le fermage]. — Il a été clairement stipulé que le terme de cette vente est de *tant* d'années, que ce terme

---

(1) Le nombre d'arpents est désigné ici tantôt exactement, tantôt en chiffres ronds, qui représentent la superficie nominale des terres. v. gr. 名 田 若 干 畝 正; en ce dernier cas, à la fin du contrat, sous le titre *ki-k'ai* 計 開 on écrit le nombre exact d'arpents.

(2) Ceci est dit pour distinguer les terres ainsi vendues de celles nommées *lou-k'o-t'ien* 蘆 課 田 et *yen-k'o-t'ien* 鹽 課 田 (n. 46 et 48).

(3) Par ces deux caractères 自 置 *tse-tche* on distingue les propriétés acquises par le propriétaire lui-même soit en les achetant, soit en les recevant en don d'un tiers, de celles que le propriétaire a reçues en héritage de ses parents et qu'on dit 祖 遺 *tsou-i.*

(4) Les divisions et subdivisions territoriales d'une sous-préfecture ne sont pas partout les mêmes; en outre, ces *pao, k'iu* et *t'ou,* ne sont pas toutes des subdivisions les unes des autres : Cf. 松 江 府 續 志 1er *Kiuen.* fol. 14, où l'on explique l'origine de plusieurs de ces divisions pour la préfecture de *Song-kiang.*

(5) Le vendeur, l'acheteur et l'entremetteur.

(6) C'est-à-dire le terrain n'a pas été vendu auparavant à un autre.

arrivé, en rendant le prix reçu, je rachèterai ces terres (n. 20); que si le prix n'en était pas rendu, l'acheteur, à son gré, continuerait à en être propiétaire. — Tout ceci est ma volonté bien arrêtée et je n'ai pas d'autre parole; et voulant qu'il reste un document qui en fasse foi, j'ai dressé cet acte de vente révocable de la pleine propriété [ou du fonds] de terre pour qu'il puisse être consulté.

Énumération de points à spécifier.

Note des pièces remises à l'acheteur : 1° *tant* de feuilles cadastrales au nom N. (n. 93); 2° *tant* de pièces timbrées reçues du vendeur précédent (n. 61); 3° *tant* de pièces anciennes provenant des vendeurs antérieurs (n. 97 (1); 4° *tant* de quittances d'impôt des dernières années (n. 57).

Quatre limites de la propriété (n. 7) : à l'E. jusqu'au terrain de l'acheteur; au S. jusqu'à celui du vendeur; à l'O. jusqu'à la voie publique; et au N. jusqu'au milieu du canal.

En même temps que j'ai remis à l'acheteur cet acte de vente, j'ai reçu de lui la somme de *tant* d'onces d'argent pur au poids complet de *ts'ao-p'ing.*

En l'année *tant* de *Koang-siu,* telle lune, tel jour, moi, *Tchao Kia,* j'ai fait cet acte de vente révocable de la pleine propriété [ou du fonds] de terre. Après la signature du vendeur, suivent : 1° celle du témoin oculaire de la vente, oncle du vendeur (n. 16); 2° celles des entremetteurs; 3° celles des témoins intermédiaires (n. 9); 4° celle du chef du district (n. 17); 5° celle du chef de groupe de familles (n. 17); 6° et enfin celle du secrétaire (n. 15).

A la dernière ligne le vendeur affirme que vraiment cette pièce est un acte de vente.

立加找田價文契趙甲爲因前於某年間。曾將自置坐落某邑某保某區某圖某字坵內第幾號則田若干畝。憑中某活賣與天主堂公產當已銀契兩交過戶執業。今因前價未敷復央中加找漕平足兌紋銀若干兩正。隨契一併收足。不另立收票。並無債利準扣言定再加幾年。自找之後聽贖不加。此係兩相允洽各無異言。今欲有憑立此加找田價文契存照。

萬原堂爲本處

價文契存照。

計開　四至各欵悉載原契

隨契一併收足找價漕平足兌紋銀若干兩正

光緒某年某月　日

立加找田價文契　趙甲圖

見找　叔某　甲圖

中證　某某某

代筆　某某某

加找田價文契

II. REÇU DU COMPLÉMENT DE PRIX D'UNE TERRE.

Moi, *Tchao Kia,* auteur de ce reçu du complément de prix d'une terre (n. 25), autrefois, dans le courant de l'année *tant,* moyennant l'entremetteur N, j'ai vendu révocablement au Temple du Principe de tous les êtres, pour être le fonds commun de l'Église de cette contrée, *tant* d'arpents de terre soumis à l'impôt légal, dont j'étais devenu propriétaire par moi-même, et cadastrés sous le n° *tant...* (Cf. l'acte précédent) de la sous-préfecture N.; après l'échange du prix et des pièces de vente, l'acheteur fit le changement de nom du propriétaire, et comme tel il a administré ces terres; le prix alors reçu étant insuffisant, de nouveau j'ai prié l'entremetteur de me faire ajouter un complément de prix montant à *tant* d'onces d'argent pur au poids complet de *ts'ao-p'ing.* En même temps que j'ai fait la remise de cet acte à l'acheteur, j'ai reçu de lui au complet la susdite somme d'argent; en dehors de ce reçu, je n'en ai pas écrit d'autre, et il n'y a eu non plus aucune retenue de prix à raison d'intérêts ou de dettes à payer. Il a été stipulé que l'on ajouterait *tant* d'années au terme fixé auparavant pour le rachat, qu'après le paiement de ce complément de prix il me serait permis de racheter ces terres, mais non pas d'exiger aucun autre complément; nous, les deux parties sommes tombées d'accord sur ce qui vient d'être écrit, aucun de nous n'a d'autre parole; et à présent voulant qu'il en reste une preuve, j'ai écrit ce reçu du complément du prix de la terre qui sera conservé en témoignage.

Énumération de points à spécifier.

Les quatre limites des terres vendues sont toutes détaillées dans le premier acte de vente.

En même temps que j'ai remis à l'acheteur ce reçu, j'ai reçu de lui .la somme de *tant* d'onces d'argent pur au poids complet de *ts'ao-p'ing.*

En l'année *tant* de *Koang-siu,* etc. moi, *Tchao Kia,* j'ai fait ce reçu du complément du prix de ma terre. Après la signature du vendeur, suivent : · 1° celle du témoin du paiement en question, oncle du vendeur; etc. (Cf. l'acte précédent).

A la dernière ligne le vendeur affirme que cet acte est vraiment un reçu du complément du prix de sa terre.

加絕文契是實

見絕叔某
原中某
中證某
圖某
甲筆某
代某

立加絕賣租糧或糧田文契趙甲。爲因前將自置坐落某邑某保某區某圖某字圩內第幾號則田若干畝。憑中某某等契賣加找與

天主堂公產。今因急需復央原中說合杜絕。三面言明時值絕賣價漕平足兌紋銀若干兩正當日一併收足。不另立收票。並無債貲準折。自杜絕之後。任憑永遠管業造屋築墳。開溝栽樹耕種召佃。均聽自便。悉與趙姓無干。倘有族分異姓向買主纏擾。由賣主理直。與買主無涉。原價已足。時價已敷永不回贖。亦無找貼枝節。此係兩相允洽各無反悔。恐後無憑立此加絕賣租糧或糧田文契存照。

計開

　　四至等項悉載明原契

　　隨契收到杜絕田價漕平足兌紋銀若干兩正

　　萬原堂。爲本處

光緒某年某月　　　日

立加絕租糧或糧田文契趙甲

III. ACTE DE VENTE IRRÉVOCABLE SUBSÉQUENTE

D'UNE TERRE.

Moi, *Tchao Kia,* auteur de cet acte de vente irrévocable subséquente (n. 28) de la pleine propriété (ou du fonds) d'une terre, autrefois, me servant des entremetteurs N. et N., par un acte écrit, j'ai
vendu au Temple de tous les êtres, pour faire partie des biens
collectifs de la mission catholique de la localité, la pleine propriété
(ou le fonds) de *tant* d'arpents de terre soumis à l'impôt légal, dont
je suis devenu propriétaire par moi-même, et cadastrés sous le n°
tant du quartier qui porte le caractère N., au *t'ou...,* au *k'iu...,* au
pao..., de la sous-préfecture N. — Après la vente j'ai aussi reçu un
complément du prix. A présent, me trouvant pressé par le besoin
d'argent, de nouveau j'ai invité les susdits entremetteurs à faire
l'accord pour la vente irrévocable. Nous, les trois parties, d'un
commun accord, nous avons clairement fixé le somme de *tant* d'onces
d'argent pur au poids complet de *ts'ao-p'ing,* comme étant le prix
actuel de la vente irrévocable (1); cette somme d'argent m'a été payée
en une seule fois ce jour même où j'écris cet acte, en dehors duquel
je n'ai pas écrit d'autre reçu; il n'y a eu non plus aucune retenue
du prix pour des dettes à payer. Après cette vente irrévocable,
l'acheteur devenu propriétaire de cette terre pour toujours, en disposera comme il voudra; ainsi, à son gré, il y bâtira des maisons,
élèvera des tombeaux, ouvrira des canaux, plantera des arbres, la
cultivera lui-même ou appellera des fermiers (2); bref, quoi qu'il y
fasse, personne de ma famille *Tchao* n'aura rien à y voir. Si cependant quelqu'un, soit de la même souche que moi, soit d'une autre
famille, s'adressait à l'acheteur pour lui créer des embarras, c'est moi
le vendeur qui me chargerais de les arranger; l'acheteur en serait
tout à fait exempt.—Le prix originaire de la terre étant déjà payé au
complet, et le prix actuel reçu étant aussi suffisant (3), jamais on ne
demandera à la racheter et l'on n'exigera pas non plus d'autre

---

(1) Cette somme, bien entendu, est en dehors de celles qui ont été déjà
payées.

(2) Si, par ex., le terrain était situé dans un endroit qui ne fût pas convenable pour l'habitation, ou si l'acheteur n'était pas en état de faire valoir
les terres par lui-même, à la place des douze caractères 造...召佃, on mettrait
召佃收租, il appellera des fermiers qui la cultiveront, pour en recevoir le
fermage.

(3) Le prix *originaire* est celui par lequel le vendeur a acquis jadis cette
terre, et le prix *actuel* est celui que la terre a à présent parmi le peuple; or le
prix payé par l'acheteur surpasse et le prix originaire et le prix actuel.

complément de prix (1).—Les deux parties-vendeur et acheteur-nous sommes d'accord sur ce qui vient d'être dit et aucun de nous n'en a de regret; toutefois, dans la crainte que dans la suite on manque de preuve qui en fasse foi, j'ai fait cet acte de vente irrévocable subséquente de la pleine propriété (ou du fonds) d'une terre, lequel sera conservé en témoignage.

Suit l'énumération de points à spécifier.

Les quatre limites du terrain vendu sont clairement désignées dans le premier acte de vente.

En même temps que j'ai remis cet acte à l'acheteur, j'ai reçu de lui la somme de *tant* d'onces d'argent pur au poids complet de *ts'ao-p'ing,* prix de la vente irrévocable de la terre.

En l'année *tant* de *Koang-siu* &c..., moi, *Tchao Kia,* j'ai fait cet acte de vente irrévocable subséquente de la pleine propriété [ou du fonds] d'une terre. Après la signature du vendeur, suivent celles du témoin &c., comme dans les actes précédents.

A la dernière ligne, le vendeur affirme que cette pièce est vraiment un acte de vente irrévocable subséquente.

---

(1) Le droit de propriété du vendeur est comparé à un bois sec qui ne donnera plus de rejetons.

立嘆氣據趙甲。爲因前將自置坐落某邑某保某區某圖某字圩內第幾

號，則田若干畝。憑中絕賣與

萬原堂永爲執業，得過契價已敷。惟今因萬分急需，央中相勸，嘆得通足制

錢若干千文正。立據日一併收足，自嘆之後永遠割藤斷不再生枝節。恐

後無憑，立此嘆氣據交執爲證。

實收據內通足制錢若干千文正

信

光緒某年某月　　　　　　　　日　立嘆氣據　趙甲

見嘆　某某

經中　某某

代筆　某

實

IV. BILLET DE GÉMISSEMENT (1).

Moi, *Tchao Kia*, auteur de ce billet de gémissement (n. 29), j'ai autrefois, me servant d'entremetteurs, vendu irrévocablement au Temple de tous les êtres pour toujours lui appartenir, *tant* d'arpents soumis à l'impôt légal, dont je suis devenu propriétaire par moi-même, et cadastrés sous le n° *tant* du quartier qui porte le caractère N., au *t'ou...*, au *k'iu...*, au *pao...*, de la sous-préfecture N.; alors j'ai reçu au complet le prix consigné dans l'acte de vente. Mais, à présent, me trouvant dans une nécessité très pressante, j'ai prié l'entremetteur d'intercéder près de l'acheteur, et, en gémissant, obtenir de lui *tant* de milliers complets (2) de sapèques légales (3). Cette somme de sapèques m'a été payée en une seule fois, ce jour même où j'écris cet acte, après quoi je ne molesterai plus l'acheteur (4). De crainte qu'on ne manque ensuite de preuve, j'ai écrit ce billet de gémissement que j'ai remis à l'acheteur pour en faire foi.

J'ai reçu *tant* de milliers complets de sapèques légales consignés dans ce billet.

En l'année *tant...*, moi, *Tchao Kia*, j'ai fait ce billet de gémissement. Après sa signature, suivent celles du témoin, de l'entremetteur et du secrétaire.

A la dernière ligne le vendeur affirme que cet acte est digne de foi.

---

(1) Nous publions ce modèle uniquement pour donner une idée du genre; car cet usage, plus ou moins tyrannique, n'étant pas accepté quand l'acheteur appartient à une famille influente de la contrée, beaucoup moins doit-il l'être quand c'est la mission catholique qui est l'acheteur ; tout le monde sait que les missionnaires dans leurs achats paient des prix plus élevés que les gens du pays. Du reste, jamais, que nous sachions, nos missionnaires, quelques demandes qui leur aient été faites, ne se sont soumis à cet abus.

(2) Dans plusieurs transactions, d'un commun accord, les centaines de sapèques ne sont pas complètes.

(3) Parfois dans le petit commerce on passe des sapèques de contrebande, qu'on intercale par les sapèque légales dans des proportions très variées.

(4) Les branches de rotin sont coupées pour toujours, et le bambou sec ne poussera plus de rejetons.

實　收　契　價　俱　足

合　司

年　月　保

見　同　前

中　保　代
證　正　筆
某　某　某

立活頂田面正契季甲。為因正用。願將自己坐落某縣某保某區某圖某

字坼內田面若干畝正應納若干石憑中活頂與

郭名下。當得時值價銀通足錢若干千文正立契日一併收足。自頂之後。任

憑耕種輸租言定若干年為期年滿之後。備價取贖。如無原銀。仍憑耕種。

此係兩愿各無反悔。欲後有憑立此活頂田面正契為證。

計開

　　四至　　東至張田　　西至李田　　南至橫路　　北至趙宅　進水由

　　東浜經過張田水溝出水由李田水溝流入西河車基在張田㖵隅

　　在田車棚一座計石柱六根

　　此田係春熟後交種或白地交種

　光緒某年某月　　　　　　　　　　　日　立活頂田面正契季甲

若瑟堂倉額或實租米若干石憑中活頂與

V. ACTE PRINCIPAL DE VENTE RÉVOCABLE DE LA

SURFACE D'UNE TERRE.

Moi, *Ki Kia,* auteur de cet acte principal (1) de vente (2) révocable de la surface d'une terre (n. 74), à court d'argent pour un usage honnête, me servant d'entremetteurs, je veux vendre à Mr. *Kouo* la surface de *tant* d'arpents de terre situés dans le quartier qui porte le caractère N., au *t'ou...,* au *k'iu...,* au *pao...,* de la sous-préfecture N., et dont le fermage nominal (n. 84) [ou réel] de *tant* de mesures 石 de riz doit être apporté aux greniers de l'Église St Joseph, le prix de la vente devant être de *tant* de milliers complets de sapèques légales; j'ai reçu cette somme ce jour même où j'écris cette pièce. A partir de la vente, l'acheteur pourra cultiver ces terres et il en paiera le fermage. Il a été en outre stipulé que le terme de la vente est de *tant* d'années, que ce temps passé je rachèterai la terre en en rendant le prix reçu; que si cependant le prix payé ne lui était pas rendu, l'acheteur continuerait à cultiver les terres (3); ce sur quoi des deux côtés nous sommes tombés d'accord et aucun de nous n'en a de regret. Voulant qu'après il y en ait un document, j'ai écrit cet acte de vente révocable de la surface d'une terre, qui en fera foi.

Énumération de points à spécifier.

Les quatre limites du terrain sont : à l'E. jusqu'aux terres de Mr. *Tchang* et à l'O. jusqu'à celles de Mr. *Li;* au S. jusqu'au chemin de traverse et au N. jusqu'à l'emplacement de la maison de Mr. *Tchao.*

L'eau d'irrigation sera prise au canal de l'E., et suivra la rigole des terres de Mr. *Tchang;* l'écoulement des eaux se fera par la rigole des champs de Mr. *Li* et ira se déverser dans le canal de l'O.

L'emplacement de la noria est à l'angle S. des terres de Mr. *Tchang,* sur lesquelles il y a un abri de noria soutenu par six supports en pierre.

La terre en question est mise à la disposition de l'acheteur pour la culture après la récolte du printemps [ou après celle de l'automne quand elle est en friche].

---

(1) *Acte principal* a un sens semblable à celui donné dans la Iᴿᵉ Part. n. 24.

(2) 頂 *ting* ou 頂首 *ting-cheou* «arrhes», droit qu'elles donnent; d'où céder ce droit pour de l'argent ou vendre. Cf. Iᴿᵉ Part. n. 79.

(3) Au lieu de ces douze caractères 佃...種, suivant les circonstances, il faudra mettre : 或順或加各聽其便, il me sera loisible soit de racheter les terres, soit d'exiger le complément; ou bien : 止順不加, il me serait permis de racheter les terres, mais non pas d'exiger de complément.

En l'année *tant* de *Koang-siu...,* moi, *Ki Kia,* j'ai fait cet acte de vente révocable de la surface d'un terrain. Après la signature du vendeur, viennent celles de l'entremetteur, du chef de groupe de familles et du secrétaire.

Au dessus des signatures il y a la moitié des deux caractères 合 同 «contrat»; l'autre moitié se trouve sur le pendant de cette pièce qui vient après, écrit par l'acheteur.

A la dernière ligne le vendeur affirme avoir reçu au complet le prix de vente consigné dans l'acte, dans l'année, la lune, et devant les témoins et le chef de groupe indiqués plus haut.

實交契內錢文足兌

年月證

見同前

代筆某

立活頂田面副契郭乙。用價通足錢若干千文正憑中頂買

季名下坐落某縣某保某區某圖某字坵內田面若干畝正春熟後收種。承

還若瑟堂倉額或實租米若干石斗。言明若干年爲期。年滿之後。聽其備價

取贖。如無原銀。仍得耕種此係兩愿。各無異言恐後無憑立此活頂田面

副契爲證。

計開

其田四至載明正契

在田車棚。一座計石柱六根

光緒某年某月日

立活頂田面副契郭乙

中證某

保正某

VI. ACTE ACCESSOIRE D'ACHAT RÉVOCABLE DE LA SURFACE D'UNE TERRE

Moi, *Kouo I*, auteur de cet acte accessoire (1) d'achat révocable (2) d'une terre, me servant d'entremetteurs, au prix de *tant* de milliers complets de sapèques, j'ai acheté (3) à Mr. *Ki* la surface de *tant* d'arpents de terre, situés dans le quartier qui porte le caractère N., au *t'ou...*, au *k'iu...*, au *pao...*, de la sous-préfecture N., Je serai mis en possession de cette terre pour la cultiver après la récolte du printemps (4). Je me charge de payer au grenier de l'Église Sᵗ Joseph le fermage nominal (ou réel) de *tant* de mesures (5) de riz. Il a été clairement stipulé que le terme de l'achat est de *tant* d'années ; que, ce temps passé, le vendeur, à son gré, rachètera la terre en en rendant le prix reçu; que s'il ne rendait pas le prix de la terre, je continuerais à la faire valoir (6). Ceci est la volonté arrêtée des deux parties, et aucun de nous n'en a d'autre parole. Dans la crainte d'en manquer dans la suite de preuve, j'ai fait cet acte accessoire d'achat révocable de la surface de la terre lequel en fera foi.

Énumération de points à spécifier.

Les quatre limites du terrain sont clairement marquées dans l'acte principal de la vente.

Il y a un abri de noria élevé dans le champ de Mr, *Tchang* sur six piliers en pierre.

---

(1) Acte *accessoire* a un sens semblable à celui donné dans la Iᵉ Part. n. 24.

(2) Achat révocable répond à vente révocable.

(3) 頂 *ting* ou 頂首 *ting-cheou* «arrhes», droit qu'elles donnent ; d'où acquérir ce droit avec de l'argent ou acheter.

(4) Si le changement de propriétaire devait avoir lieu à l'automne, quand la terre est en friche, au lieu de 春熟後, on mettrait 白地, en friche.

(5) La valeur de ces mesures de capacité 石 *che* et 斗 *teou* est indiquée dans la Iᵉ Partie n. 130. A ce qui y est dit il faut ajouter que quelques grandes familles ont des mesures pour leur usage particulier d'une grandeur plus ou moins arbitraire; les fermiers le savent et s'y soumettent.

(6) Au lieu de ces quatorze caractères 聽... 種, suivant les circonstances, il faudra mettre 或贖或加各聽其便, que ce temps passé, il sera laissé au choix des deux parties, soit de racheter la terre, soit d'exiger un complément de prix; ou bien: 止贖不加, que ce temps passé, le vendeur pourra seulement racheter la terre, mais non pas exiger un complément de son prix. Il nous semble utile de faire observer qu'il faut que ces clauses soient les mêmes dans les deux actes principal et accessoire du contrat.

En l'année *tant* de *Koang-siu, telle* lune..., jour, moi, *Kouo I,* j'ai fait cet acte accessoire d'achat révocable de la surface d'une terre. Après la signature du vendeur viennent celles de l'entremetteur, du chef de groupe de familles et du secrétaire.

Au dessus des signatures il y a la moitié des deux caractères 合 同 « contrat »; l'autre moitié se trouvé sur le pendant de cette pièce donné plus haut (page 110), écrit par le vendeur.

A la dernière ligne l'acheteur affirme avoir payé au complet le prix de l'achat consigné dans l'acte, dans l'année, la lune et devant les émoins et chef de groupe indiqués plus haut.

立加絕田面文契 季甲。爲因前於某年間。曾將自己坐落某縣某保某區某圖某字圩內田面若畝應納若瑟堂倉額或實租米若干石正憑中某活頂與郭名下得過時值通足錢若干千文正今因需用情願絕賣議得加絕價通足錢若干千文正當日一併收足不另立收據自絕之後無贖無找任憑永遠耕種完租此田面的係自己絕業毫無枝節爭端如有等情賣主理直與買主無干此係兩相允洽各無反悔欲後有憑立此加絕田面文契存照。

計開

四至各項詳載原契所執副契隨即交出

光緒某年某月日立加絕田面文契

趙甲

見絕 某 中證 某

保正 某 代筆 某

年
月 證
見 同 前

實收契內錢文俱足

VII. ACTE DE VENTE IRRÉVOCABLE SUBSÉQUENTE

DE LA SURFACE D'UNE TERRE.

Moi, *Ki Kia,* auteur de cet acte de vente irrévocable subsequente de la surface d'une terre, dans l'année *tant,* me servant de l'entremetteur N., j'ai vendu révocablement à Mr. *Kouo* la surface de *tant* d'arpents de terre, situés dans le quartier qui porte le caractère N., au *t'ou...,* au *k'iu...,* au *pao...,* de la sous-préfecture N., et dont le fermage nominal [ou réel] de *tant* de mesures 石 de riz doit être apporté au grenier de l'Église St Joseph. J'ai reçu alors de l'acheteur *tant* de milliers complets de sapèques prix courant de la surface vendue; mais à présent, me trouvant dans une pressante nécessité, je lui en fais la vente irrévocable. Après délibération, il a été réglé que le prix de la vente irrévocable subséquente serait de *tant* de milliers complets de sapèques, somme que j'ai reçue en une seule fois ce jour même, où j'écris cette pièce, en dehors de laquelle je n'ai pas fait d'autre reçu. A partir de la vente irrévocable, il ne me sera permis ni de racheter la surface vendue, ni d'en exiger un complément de prix; mais l'acheteur à tout jamais la fera valoir et en paiera le fermage. La surface en question est bien, sans ombre de conteste, ma propriété; si cependant des contestations et autres affaires venaient à surgir, je me chargerais de les arranger, sans qu'en rien elles concernassent l'acheteur. Sur tout cela des deux côtés nous sommes tombés d'accord, et aucun de nous n'en a de regret; voulant que par la suite il reste un document qui en fasse foi, j'ai écrit cet acte de vente irrévocable subséquente de la surface de ma terre en témoignage.

Énumération de points à spécifier.

Les quatre limites de la propriété sont clairement désignées dans le premier acte de vente. Avec cet acte je remets à l'acheteur l'acte accessoire d'achat reçu de lui auparavant.

En l'année *tant,* telle lune..., jour, moi, *Ki Kia,* j'ai fait cet acte de vente irrévocable subséquente de la surface d'une terre. Après sa signature viennent celles du témoin, de l'entremetteur, du chef de groupe de familles et du secrétaire.

A la dernière ligne le vendeur affirme avoir reçu au complet le total de sapèques consigné dans l'acte dans l'année, la lune, et devant les témoins et chef de groupe indiqués plus haut.

四至 東至半街 南至出街 西至某姓 北至半溝

其地所有

憲印執業單及上首老契。均被災遺失。所有稟蒙

本縣補給諭單一張。及近年完糧印串四紙。一併交執。議得捉漏小修。

典主料理。倘因木料朽斷。墻壁塌倒。典主墊欵修砌。憑中公估經費。

即於典契內註明回贖時。原主照數認還。並聽典主隨時任意添改

裝摺回贖時。仍照舊裝還。

光緒某年某月

立典當田房正契 錢乙

　　　目 弟錢丙

中證 某某

保正 某某

代筆 某某

立典當田房合同正契　錢乙同弟丙。爲因正用。願將祖遺房屋一所。第一進上下樓房若干間。第二進大廳書房若干間。偏西套房若干間。後花園廳樓旱船上下若干間。後進平房若干間。共計大小樓平房若干間。四面圍牆門窗板壁假山石階花樹竹頭竈井坑厠一應俱全。另開裝修合同細摺并屋基花園餘地。共計幾畝幾分正。坐落某縣後開保區圖街央中某某等。議明典與

天主堂公產。收得時值典價漕平足兌紋銀若干兩正。銀契兩交一併收足。並無債負準折言定銀不起利。房不輸租。以九年爲期。典主亦得照原價轉典與人。俟年滿之後。備價取贖。如無原價原主不得勒掯業主找價絕買。其田房的係己產。並無門房上下爭執。亦無重疊交易。倘有等情俱出典人理直與受典者無干。自典之後。任憑管業居住。召租收息。此係兩相情願。各無異言恐後無憑。立此典當田房正契爲照。

崇一堂爲本處

計開

其房坐落某保某區某圖某街坐北朝南

16

VIII. ACTE PRINCIPAL D'ANTICHRÈSE DE TERRAIN

ET DE MAISON.

Moi, *Ts'ien I*, et mon frère cadet, *Ping*, auteurs de cet acte principal d'antichrèse (nn. 22-27) de terrain et maison, nous trouvant à court d'argent pour un usage honnête, moyennant les entremetteurs N.N. chargés de faire l'accord, après délibération, nous avons clairement résolu de donner en antichrèse à l'Église dite *Tch'ong-i*, pour être le fonds commun de la mission catholique de cette contrée, pour la somme de *tant* d'onces d'argent pur au poids complet de *ts'ao-p'ing*, prix courant des biens donnés en antichrèse, la maison et terrain décrits plus bas, qui nous ont été légués par nos ancêtres. — 1° La maison comprend: a) un premier corps de bâtiment à étage de *tant* de chambres en haut et en bas; b) un second corps de bâtiment occupé par la grande salle de réception et par des salles adjacentes, en tout *tant* de chambres; c) des ailes latérales à étage à l'E. et à l'O., unissant entre elles les deux corps de bâtiment, ayant *tant* de chambres; d) un petit bâtiment de service, de *tant* de chambres, situé derrière l'aile de l'O.; e) un jardin à fleurs placé derrière le petit bâtiment, dans lequel il y a un kiosque à étage et un salon latéral (1), ayant en tout *tant* de chambres; f) et enfin un dernier corps de bâtiment sans étage de *tant* de chambres. En somme la maison a *tant* de chambres grandes et petites, soit à l'étage, soit au rez-de-chaussée. De plus le mur d'enceinte, les portes, les cloisons, soit en planches, soit en briques, les rochers artificiels, les escaliers en pierre, les arbres à fleurs, la bambouseraie, la cuisine, le puits, les latrines, tout enfin y est au complet; de tous ces accessoires de la maison nous faisons une note détaillée en double. 2° L'emplacement de la maison et du jardin ci-dessus relatés avec un reste de terrain attenant à l'emplacement, comprend *tant* d'arpents et *tant* de dixièmes, et est situé dans la sous-préfecture N., dans la rue et aux lieux marqués plus bas.—L'échange du prix et des actes a eu lieu en même temps, sans qu'il y ait eu aucune retenue de prix pour dettes à payer. Il a été stipulé qu'il n'y aura pas lieu de payer d'intérêts pour cet argent, ni de loyer pour la maison; que le terme de ce contrat sera de neuf ans; que pendant ce temps le nouveau propriétaire pourra à son tour donner en antichrèse à un autre pour le même prix la maison et le terrain en question; que, ce terme passé, en rendant l'argent je rachèterai mon bien; que si à cette époque je manquais d'argent, je ne pourrai pas forcer le nouveau propriétaire à payer le complément de prix et à acheter irrévocablement. — Les terrains et la maison susdits sont bien notre propriété, et personne de la parenté, soit

---

(1) 旱 船 « barque à sec », nom donné à une maison bâtie dans le jardin, et rappelant par sa forme celle d'une barque de voyage.

supérieur, soit inférieur, ne nous les dispute; de plus il n'y a pas eu de vente précédente de la propriété à d'autres; si des contestations venaient à surgir, elles seraient arrangées par nous, sans que le nouveau propriétaire eût rien à y voir. A partir de ce contrat d'antichrèse, le nouveau propriétaire administrera ces biens, soit en y habitant lui-même, soit en appelant des locataires pour recevoir d'eux le prix de location. Ceci est la volonté des deux parties, et aucun de nous n'a là-dessus d'autres paroles; dans la crainte que dans la suite on manque de preuve, nous avons fait cet acte principal d'antichrèse de terrain et de maison en témoignage.

꓿numération de points à spécifier.

La maison regardant le sud est située au nord de la rue N., au *t'ou...,* au *k'iu...,* au *pao...*

Les quatre limites sont : à l'E., jusqu'au milieu de la ruelle; au S., jusqu'à la rue; à l'O., jusqu'aux propriétés de N. et au N., jusqu'au milieu du canal.

La confirmation du précédent contrat (n. 61) et le titre officiel (n. 93) du terrain en question, ainsi que les anciens actes reçus du précédent possesseur, ont été successivement perdus dans des malheurs de famille; à leur défaut le «billet suppléant» (n. 97) donné par le sous-préfet à notre demande, ainsi que *tant* de quittances timbrées (n. 57) du tribut des dernières années, ont été tous remis au nouveau possesseur.

Il a été convenu entre les deux parties que le nouveau propriétaire devra faire les réparations de gouttières et autres petites réparations; mais que si des bois de charpente pourris venaient à se briser, ou si soit les murs, soit les cloisons, venaient à tomber par terre, le nouveau propriétaire devrait avancer les frais des réparations requises, qu'on estimerait ensuite à leur juste valeur avec l'aide d'arbitres; on les inscrirait clairement sur l'acte d'antichrèse, pour qu'en cas de rachat de la propriété, le premier propriétaire les remboursât intégralement au second. Il a été aussi convenu que le nouveau propriétaire à l'occasion pourrait à sa guise ajouter des ornements ou les changer, mais, qu'à l'époque du rachat, il rendrait la maison dans son arrangement primitif.

En l'année *tant* de *Koang-siu,* telle lune,... jour, moi, *Ts'ien I* et mon frère cadet, *Ts'ien Ping,* avons fait cet acte principal d'antichrèse de terrain et de maison. — Après leurs signatures, viennent celles de l'entremetteur, du chef de groupe de familles et du secrétaire.

A la dernière ligne les auteurs de l'acte affirment que cet acte est vraiment un contrat. — L'autre moitié des quatre grands caractères se trouve dans l'acte accessoire correspondant écrit par l'acquéreur.

崇一堂爲典得田房給據事。本堂用價漕平足兌紋銀若干兩憑中某某等。

典得

錢姓坐落後開房屋一所。連基址花園餘地共計若干畝詳載正契。及合同細摺其銀契下一併交足。言定銀不起利房不納租以九年爲滿期滿之日。聽其備價取贖自典得之後。隨卽管業。合給此典得田房副契收執爲

據。

計開

其房坐落某邑幾保幾區幾圖某街坐北朝南

東至半弄南至出街西至某姓北至半溝

收執諭單一張近年版串四紙

小修典主料理。大修原主認還。如有添改裝摺。回贖聽裝還。

光緒某年某月　　　　日給

典主料理　　　　中證某某代筆某某堂

保正某某

IX. ACTE ACCESSOIRE D'ACQUISITION PAR ANTICHRÈSE

DE TERRAIN ET DE MAISON.

L'Église dite *Tch'ong-i,* pour donner un acte attestant l'acquisition par antichrèse d'un terrain et d'une maison, fait le document suivant : Moi soussigné, économe de cette Église, me servant des entremetteurs N. et N., par la somme de *tant* d'onces d'argent pur au poids complet de *Ts'ao-p'ing,* j'ai acquis par antichrèse des nommés *Ts'ien,* une maison, dont l'emplacement est donné ci-dessous, avec l'emplacement même de la maison, du jardin à fleurs et du terrain attenant, le tout mesurant *tant* d'arpents, selon qu'il est clairement consigné dans l'acte principal du contrat et dans la note en double y ajoutée : l'échange au complet de l'argent et des actes a eu lieu en même temps en une seule fois. Il a été clairement stipulé que pour l'argent il n'y aurait pas lieu de payer d'intérêts, ni de location pour la maison; que le terme du contrat serait de neuf ans; que ce terme expiré, l'ancien propriétaire pourrait à son gré, en offrent le prix reçu, faire le rachat de son bien. A partir de cette acquisition par antichrèse, entrant aussitôt dans la possession et administration de la maison et du terrain en question, il convient que je donne au premier propriétaire cet acte secondaire d'acquisition par antichrèse du terrain et de la maison pour en faire foi.

Énumération de points à spécifier.

La maison regardant le sud est située au nord de la rue N., au *t'ou...,* au *k'iu...,* au *pao....*

Les quatre limites sont : à l'E., jusqu'au milieu de la ruelle ; au S., jusqu'à la rue; à l'O., jusqu'aux propriétés de N. et au N., jusqu'au milieu du canal.

J'ai reçu de l'ancien propriétaire un titre officiel et *tant* de quittances timbrées du tribut des dernières années. Les petites réparations, je me charge de les faire; quant aux grandes (faites par moi), elles seront reconnues par l'ancien propriétaire, qui m'en remboursera le montant. Si j'avais fait des additions ou des changements d'ornementations, au moment du rachat, je remettrais la maison dans son premier état pour la rendre au propriétaire.

Dans l'année *tant* de *Koang-siu,* telle lune,... jour, moi, (son sceau), j'ai donné cet acte. — Après le sceau, viennent les signatures de l'entremetteur, du chef de groupe de familles et du secrétaire.

La particularité des quatre grands caractères coupés à la dernière ligne a déjà été expliquée. Voir l'acte précédent.

立加找典價文契錢乙同弟丙。爲因前於光緒某年間。曾將祖遺坐落某

縣後開保區圖街住房一所共計樓平房若干間。連基址花園餘地共計

若干畝憑中得價典與

崇一堂爲本處

天主堂公產今因需用。復央原中找得通足制錢若干千文合漕平足兌紋銀

若干兩當日一併收足不另立收票議加幾年爲期聽憑管業。如有原價。

滿期回贖。自此次加找之後。止贖不找餘仍悉照原議。此係自願。決無異

言立此加找典價文契爲照。

計開

原典坐落某保某區某圖某街坐北朝南 四至等項註明典契

光緒某年某月 日 立加找典價文契錢乙

中證 弟 錢丙

保正 某 代筆 某

找價文契是實

X. REÇU DU COMPLÉMENT DE PRIX POUR UN

CONTRAT D'ANTICHRÈSE.

Moi, *Ts'ien I,* et mon frère cadet, *Ts'ien Ping,* auteurs de ce reçu de complément de prix pour un contrat d'antichrèse, autrefois dans l'année *tant* du règne de *Koang-siu,* moyennant des entremetteurs, nous avons donné en antichrèse, pour une somme d'argent déjà reçue, à l'Église nommée *Tch'ong-i,* pour être le fonds commun de la mission catholique de cette contrée, une maison, située dans la sous-préfecture N., dans la rue et les lieux indiqués plus bas, ayant en tout *tant* de chambres, soit à l'étage, soit au rez-de-chaussée, et de plus l'emplacement de la maison, le jardin à fleurs, et un reste de terrain attenant, mesurant en tout *tant* d'arpents de terre, biens qui nous sont venus en héritage de nos ancêtres. A présent, nous avons chargé les médiateurs de nous obtenir du nouveau propriétaire un complément de prix, montant à *tant* de milliers complets de sapèques légales, qui font *tant* d'onces d'argent pur au poids complet de *ts'ao-p'ing.* Cette somme nous a été payée au complet en une fois en ce jour présent, (où nous faisons cet acte, en dehors duquel) nous n'avons pas fait d'autre reçu. Il a été déterminé d'ajouter un nouveau · terme de *tant* d'années, pendant lequel le nouveau propriétaire, à son gré possédera et administrera les biens en question; si, à la fin du terme fixé, nous avons à notre disposition le prix primitif nous ferons le rachat. A partir du paiement de ce complément de prix, il nous sera bien permis de racheter notre bien, mais il ne nous sera pas permis d'exiger d'autre complément de prix. En dehors de tout ce qui a été stipulé précédemment, ceci est notre détermination bien arrêtée sans arrière-pensée; en preuve de quoi nous faisons ce reçu de complément de prix pour un contrat d'antichrèse, qui restera en témoignage.

Énumération de points à spécifier.

L'emplacement du terrain mis en antichrèse regardant le sud est situé au nord de la rue N., au *t'ou...,* au *k'iu...,* au *pao....* Les quatre limites du terrain et choses semblables sont clairement consignées dans l'acte principal du contrat.

Dans l'année *tant* de *Koang-siu,* telle lune,... jour, moi, *Ts'ien I,* et mon frère cadet, *Ts'ien Ping,* nous avons fait ce reçu de complément de prix pour un contrat d'antichrèse. — Après leurs signatures, viennent celles de l'entremetteur, du chef de groupe de familles et du secrétaire.

La dernière ligne est semblable à celle des actes précédents.

其房坐落某保某區某圖某街坐北朝南

四至各項註明典契

隨契收足杜絕價銀若干兩正

光緒某年某月　日

杜絕文契是實

立杜絕田房文契　錢乙

中證弟　錢丙

圖甲　某

代筆　某某

立加絕永賣田房文契 錢乙同弟丙。為因前於光緒某年間。曾將祖遺坐落某縣後開保區圖街住房一所。共計樓平房若干間連基址花園餘地。

共計若干畝憑中典與崇一堂為本處天主堂公產得過價銀若干兩。嗣於某年找得銀若干兩經先後立契交執今因急用。復央中說合。愿將房屋地畝杜絕價賣議得時值加絕賣價漕平足兌紋銀若干兩正當日銀契兩交一併收足。不另立收票。所執合同副契。裝修摺子各一件當卽檢出交還自絕賣之後。不贖不加聽憑過戶承糧拆卸改造永遠管業此田房的係己產。並無上下門房爭執重疊典賣。貸債準折等情。如有此等失業者理直與得業者無干此係自愿。決無異言。欲後有憑立此加絕永賣田房文契為照。

計開

XI. ACTE DE VENTE IRRÉVOCABLE SUBSÉQUENTE

DE MAISON ET DE TERRAIN (MIS EN ANTICHRÈSE).

Moi, *Ts'ien I* et mon frère cadet *Ts'ien Ping*, auteurs de cet acte de vente irrévocable subséquente, autrefois, dans le courant de l'année *tant* de *Koang-siu*, nous servant des entremetteurs N. et N., pour une somme déjà reçue de *tant* d'onces d'argent, nous avons donné en antichrèse à l'Église dite *Tch'ong-i*, pour être le fonds commun de la mission catholique de cette contrée, une maison située dans la sous-préfecture N., dans la rue N., au *t'ou*, *k'iu* et *pao* indiqués ci-dessous, comprenant en tout *tant* de chambres soit à l'étage, soit au rez-de-chaussée, et de plus l'emplacement de la maison, du jardin à fleurs avec un reste de terrain attenant à l'emplacement, le tout mesurant *tant* d'arpents de terre — biens que nous avons reçus en héritage de nos ancêtres. Postérieurement, en l'année *tant*, nous avons reçu un complément de prix de *tant* d'onces d'argent; dans ces deux circonstances nous avons donné au nouveau propriétaire des actes faits par nous. A présent, nous trouvant à court d'argent pour un besoin pressant, nous avons prié de nouveau les entremetteurs de faire l'accord pour la vente irrévocable subséquente de la maison et du terrain susdits, que nous sommes résolus de faire, moyennant la somme de *tant* d'onces d'argent pur au poids complet de *Ts'ao-p'ing*, prix actuel de la vente irrévocable subséquente, fixé après délibération. Le complet échange du prix et des actes a eu lieu en même temps en ce jour, où nous faisons cet acte, en dehors duquel nous n'avons pas fait d'autre reçu. Nous avons aussi trouvé et rendu au nouveau propriétaire l'acte accessoire du contrat primitif et la note détaillée relative à l'ornementation et réparation de la maison, reçus de lui lors du premier contrat. A partir de cette vente irrévocable de ces biens, il ne nous sera plus permis ni de les racheter ni d'en exiger un complément de prix, et le nouveau propriétaire, à son gré, fera le transfert de nom du propriétaire et paiera le tribut; il pourra démolir la maison et la rebâtir; bref, il en sera pour toujours le propriétaire. Ce terrain et cette maison sont bien notre propriété et aucun de nos parents, soit supérieur soit inférieur, ne nous la dispute; il n'y a pas eu non plus d'autre contrat d'antichrèse ou de vente fait à d'autres, ni aucune retenue du prix de cette vente pour dettes à payer ou semblables choses. Si des affaires de ce genre venaient à surgir, elles seraient arrangées par nous (propriétaires sortant), et ne regarderaient en rien le nouveau propriétaire. Ceci est notre libre détermination et nous n'avons pas d'autre parole; voulant qu'il en reste une preuve, nous avons fait cet acte de vente irrévocable subséquente de terrain et de maison pour qu'il reste en témoignage.

Énumération de points à spécifier.

L'emplacement de la maison regardant le sud est situé au nord de la rue N., au *t'ou...,* au *k'iu...,* au *pao....*

Les quatre limites du terrain sont clairement consignées dans l'acte principal du contrat.

Lors de la remise de cet acte au nouveau propriétaire, nous avons reçu de lui au complet *tant* d'onces d'argent, prix de la vente irrévocable.

En l'année *tant* de *Koang-siu,* telle lune..., jour, moi, *Ts'ien I,* et mon frère cadet, *Ts'ien Ping,* nous avons fait cet acte de vente irrévocable de terrain et de maison. — Après leurs signatures, viennent celles de l'entremetteur, du chef du district, du chef de groupe de familles et du secrétaire.

A la dernière ligne les vendeurs affirment que cette pièce est un acte de vente irrévocable.

立情借據錢丁。為因前於光緒某年間。先父同先叔曾將住房一所絕賣

與崇一堂為業。經先後立典找絕三契，得過價銀共若干兩時價已敷不應再

向找貼。惟今因萬分急需。敢循俗例央中商勸情借到制錢若干千文正。

自此次情借之後。決不再生枝節。欲後有憑立此情借據為證。

光緒某年某月　　　　　　　　　　　日立情借據錢丁

　　　　　　　　　　　　　　　　　　　中保某

　　　　　　　　　　　　　　　　　　地保某某

　　　　　　　　　　　　　　　　　　代筆某某

信

實

XII. BILLET D'EMPRUNT A UN PRÊTEUR

BIENVEILLANT (1).

Moi, *Ts'ien Ting,* auteur de ce billet d'emprunt à un prêteur bienveillant (n. 29), vu que déjà, dans le courant de l'année *tant* de *Koang-siu,* feu mon père et feu mon oncle ayant vendu irrévocablement à l'Église dite *Tch'ong-i* une maison, ils ont à diverses époques successives fait des actes d'antichrèse, de complément de prix, et de vente irrévocable, ont reçu du nouveau propriétaire la somme de tant d'onces d'argent, suffisante pour la valeur actuelle de la maison, je ne devrais pas exiger de l'acheteur de nouveau complément de prix; cependant, me trouvant dans une nécessité pressante, j'ose, conformément aux usages du peuple, prier l'entremetteur de vouloir intercéder en ma faveur près de l'acheteur, pour que celui-ci veuille me prêter par bienveillance la somme de *tant* de milliers de sapèques légales. A partir de cet emprunt bienveillant, je suis résolu à ne plus faire de pareilles demandes (le tronc mort ne poussera plus de rejetons). Voulant qu'il en reste ensuite une preuve, j'ai fait à un prêteur bienveillant ce billet qui en fera foi (2).

En l'année *tant* de *Koang-siu,* telle lune,... jour, moi, *Ts'ien Ting,* j'ai fait ce billet d'emprunt à un prêteur bienveillant. — Après sa signature, viennent celles de l'entremetteur, de l'agent public du district et du secrétaire.

Ce acte est vraiment digne de foi.

---

(1)   Voir p. 109, not, 1, ce que nous avons dit de cette sorte d'actes.

(2)   Une des causes d'embarras pour le nouveau propriétaire d'un terrain vient souvent des tombeaux qui s'y trouvent; voici là-dessus quelques renseignements. 1° Si dans le terrain acheté il y avait des tombeaux, il faudrait l'indiquer sous le titre 計 開 *ki-k'ai.* 2° Le terrain occupé par les tombeaux reste au vendeur jusqu'à ce qu'ils aient été changés de place. 3° Si l'on veut avoir le terrain débarrassé des tombeaux, il faut faire un nouveau contrat, dans lequel on spécifie la quantité à payer pour frais de transfert des tombeaux, l'époque où il doit être effectué, etc.. 4° La somme à verser pour le transfert des tombeaux varie selon les circonstances, telles que, v. gr. le nombre des tombeaux, la qualité et la quantité des matériaux dont ils sont faits, le nombre des personnes qui, à raison de parenté avec les défunts enterrés dans les tombeaux, doivent donner leur consentement au changement de sépulture. Ce changement étant mal vu par les indigènes, ce n'est qu'à force d'argent que l'on obtient le consentement requis. 5° Après l'acquisition d'un terrain par achat révocable ou antichrèse, plutôt que de permettre au premier propriétaire d'y ajouter des nouvelles tombes, on préfère qu'il fasse le rachat du terrain.

立遺失活典副契據 錢乙。為因於 某年間。曾將己產坐落 某縣 某保 某

區 某圖 某字圩第 幾號內 則田 若干畝。活典與

崇一堂。得過價銀 若干兩正。今因期滿備價取贖。應將所執合同副契。

交還緣一時搜尋無着。理合寫立遺失憑字交執其原契倘日後檢出。作

為廢紙。欲後有憑立此遺失活典副契據為證。

光緒 某年 某月 某日 立遺失活典副契據 錢乙

信

中證 某某

保正 某某

代筆 某某

實

XIII. ATTESTATION DE LA PERTE DE L'ACTE ACCESSOIRE

POUR UN CONTRAT D'ANTICHÈSE.

Moi, *Ts'ien I,* auteur de cette attestation (n. 27) de la perte de l'acte accessoire pour un contrat d'antichrèse, précédemment dans le courant de l'année *tant,* pour la somme de *tant* d'onces d'argent déjà reçue, j'ai donné en antichrèse à l'Église dite *Tch'ong-i, tant* d'arpents de terre sujette au tribut légal, dont je suis propriétaire, situés dans la sous-préfecture N., et cadastrés sous le N° *tant* du quartier qui porte le caractère N., au *t'ou...,* au *k'iu...,* au *pao....* A présent, parce que le terme du contrat étant arrivé, et en ayant préparé le prix reçu, je veux les racheter (1), je devrais rendre l'acte accessoire du contrat alors reçu; mais en ce moment ne le retrouvant plus (2), il convient que je donne une attestation écrite de sa disparition; et partant si l'acte accessoire primitif venait un jour à être découvert, il serait considéré comme un papier sans valeur. Voulant qu'il en reste une preuve, j'ai écrit cette attestation de la perte de l'acte accessoire d'un contrat d'antichrèse qui en fera foi.

Dans l'année *tant* de *Koang-siu,* telle lune..., jour, moi, *Ts'ien I,* j'ai fait cette attestation de la perte de l'acte accessoire pour un contrat d'antichrèse. — Après sa signature, viennent celles de l'entremetteur, du chef de groupe de familles et du secrétaire.

A la dernière ligne l'auteur affirme que cet acte est vraiment digne de foi.

---

(1) Ou bien, 今因得價加絶, à présent, parce que je veux vendre irrévocablement.

(2) Ou bien, 於某年某月某日延災毀失, ayant été perdu dans un désastre qui arriva dans ma maison *telle* année, *telle* lune, *tel* jour. Ou bien, 於某年某月某日被稿遺失, m'ayant été volé *telle* année, *telle* lune, *tel* jour.

崇一堂爲遺失正契給據事。本堂前於 某年間用價銀 若干兩。活典得錢姓坐落 某縣 某保 某圖 某字圩第 幾號內 則田 若干畝正。今因期滿收價放贖。應將所執合同正契檢出交還。惟緣一時搜尋無着。倘日後檢出作爲廢紙。合給此據收執爲憑。

光緒 某年 某月 某日　　給

信

中證　某某
保正　某某
代筆　某某

實

XIV. ATTESTATION DE LA PERTE DE L'ACTE PRINCIPAL

POUR UN CONTRAT D'ANTICHRÈSE.

L'Église appelée *Tch'ong-i*, pour donner une attestation de la perte de l'acte principal d'un contrat d'antichrèse (n. 27), fait cet acte. Moi soussigné, Économe de cette Église, j'ai autrefois, dans le courant de l'année *tant*, pour la somme de *tant* d'onces d'argent, reçu en antichrèse de la famille *Ts'ien, tant* d'arpents de terre sujette au tribut légal, situés dans la sous-préfecture N., et cadastrés sous le Nº *tant*, du quartier qui porte le caractère N., au *t'ou...*, au *k'iu...*, au *pao....* A présent, le terme du contrat étant expiré, ayant reçu du premier propriétaire, pour le rachat des terres, l'argent que je lui avais payé (1), il est juste que je lui rende l'acte principal du contrat que j'ai reçu; mais en ce moment je ne le retrouve plus (2); si cependant il venait quelque jour à être retrouvé, il sera considéré comme un papier sans valeur; c'est pourquoi il convient que j'écrive cette attestation, qui sera donnée au premier propriétaire en place de l'acte perdu, et qui en fera foi.

Dans l'année *tant* de *Koang-siu*, telle lune,... jour..., moi, (sceau de l'Économe) j'ai donné cette attestation. — Après les signatures, viennent celles de l'entremetteur, du chef de groupe de familles et du secrétaire.

A la fin l'auteur de la pièce affirme que cet acte est digne de foi.

---

(1) Au lieu de ces caractères : 今 因...方 贖, on pourra mettre, si le cas l'exige, ces autres : 今 因 得 價 加 絶, à présent, parce que je veux vendre irrévocablement.

(2) V. p. 135, not. (2), des phrases qui, selon les circonstances dans lesquelles l'acte a été perdu, peuvent être intercalées ici, à la place de celle qui y est donnée.

18

杜絕永賣文契存照

東至官河南至橫溝西至大街北至周家弄外

一其房第一進牆門平房七間第二進茶廳平房五間。第三進正廳樓

房五幢第四進樓房五幢後包堂平房十三間前後披廂平房八間。

廂樓四幢東側廳樓五幢對照樓房三幢平房八間花園內廠廳三

間凉亭二座遊廊二道

一園內池河石礤岸假山木橋石梁一切在內。

一某樹花竹一切在內。

一大門外照牆石礤岸四面圍牆圍地外竹籬一切在內。

隨契一併收足杜絕房地價足兌紋銀若干兩正

光緒某年某月   日 立杜絕永賣田房文契 孫戊

原中某 經造 某

保甲某 代筆 某

立杜絕割籐永賣房屋田地文契_{孫戊}爲因正用。情願將祖遺住房一所。

共計樓平房_{若干間}并隨房基地空場前後出入街弄及自置花園池河

圍地共計田_{若干畝}央中_{某某}等說合絕賣與

_{義日堂永}爲本處

天主堂公產。議得時值絕價漕平足兌紋銀_{若干兩正}中費照例外加其貼找

嘆氣情借。及一切城鄉俗例名目盡行貫入價內當日隨契收足不另立

收票。並無貸債準除扣折其房屋園池地畝的係已產並無門房上下有

分人爭執亦無重疊交易。倘有等情出產人理直與得業者無干自絕之

後任憑過戶辦賦拆卸改造永遠管業原價已足時價已敷無贖無加永

無絲毫枝節謹遵

憲例總書一契爲絕所有執業印單_{兩紙。}上首老契_{六紙。}當日一併交出倘

有片紙隻字存留日後檢出以作廢紙此係自願並無強壓迫受恐後無

憑立此杜絕永賣田房總契存照。

一計開其地坐落_{某邑某保某區某圖}共計_{若干畝正}

XV. ACTE DE VENTE IRRÉVOCABLE DE TERRAIN

ET DE MAISON.

Moi, *Suen Meou*, auteur de cet acte de vente tout à fait irrévocable (1) de maison et de terrain, à court d'argent pour un usage honnête, ayant prié les entremetteurs N. et N. de faire l'accord, je veux vendre à l'Église du Soleil-de-Justice, pour être le fonds commun de la mission catholique de cette contrée, une maison d'habitation, contenant *tant* de chambres dans des bâtiments avec ou sans étage, avec l'emplacement de la maison et une aire vide, ayant des portes de devant et de derrière qui donnent sur la rue et sur la ruelle, ce dont je suis propriétaire par héritage reçu de mes ancêtres; et de plus un jardin à fleurs, un étang avec des ruisseaux et un jardin potager, que j'ai acquis moi-même; les deux possessions mesurant en tout *tant* d'arpents de terre. Après délibération il a été résolu que le prix à recevoir, selon la valeur actuelle des propriétés, était de *tant* d'onces d'argent pur au poids complet de *ts'ao-p'ing;* que les frais à faire pour les entremetteurs (2) y seraient ajoutés; que tous les autres frais, comme complément de prix, emprunt à un prêteur bienveillant et autres semblables en usage, soit à la ville, soit à la campagne, seraient compris dans le prix susdit. Cette somme m'a été payée au complet, en une seule fois, ce jour même où j'ai donné à l'acheteur cette pièce, en dehors de laquelle je n'ai écrit aucun autre reçu; il n'y a eu non plus aucune retenue du prix à raison de dettes à payer.—La maison en question, avec le jardin, l'étang et le terrain sont bien ma propriété, et aucun parent, soit supérieur, soit inférieur, ne me la dispute; de plus il n'y a pas eu d'autre vente faite précédemment; si des contestations venaient à surgir, moi, propriétaire sortant, je me charge de les arranger; elles ne regarderaient en rien l'acheteur. A partir de cette vente, le nouveau propriétaire fera le transfert de nom du propriétaire, et paiera le tribut; il pourra, à son gré, démolir la maison existante, et en bâtir une autre; bref, pour toujours il en sera le propriétaire. La valeur, soit originaire, soit actuelle, des biens vendus, est suffisamment payée, et il ne sera jamais permis ni de les racheter ni d'exiger de complément de prix; en un mot, je ne ferai jamais valoir sur ces biens le moindre droit (le tronc mort ne produira jamais la plus petite pousse). Pour me conformer aux lois établies

---

(1) Cf. I. Part. n. 19. Dans ce titre les caractères *t'ou-tsiué* 杜 絕 signifient que la vente est irrévocable; l'expression 削 籐 *ko-teng* indique que le vendeur dans cet acte promet, une fois le prix entier reçu en une seule fois, de ne pas molester l'acheteur par des exigences signalées au n. 29 de la Iᵉ Partie.

(2) Cf. l'Appendice placé à la fin de cette IIᵉ Partie.

par l'autorité supérieure (n. 30), j'ai fait ce seul acte de vente irrévocable qui en comprend plusieurs autres. Quant au titres officiels (deux feuilles), et aux actes anciens reçus des précédents vendeurs (six feuilles), je les ai remis aujourd'hui à l'acheteur tous ensemble; si cependant il restait encore oublié chez moi quelqu'autre document (même une seule feuille de papier ou un seul caractère), et qu'il vint à être retrouvé et produit, il sera considéré comme un papier sans valeur. Cette vente est tout à fait volontaire, et je n'ai été forcé à vendre par personne; dans la crainte que dans la suite, il en manque de preuve, j'ai fait cet acte unique de vente irrévocable à tout jamais de terrain et de maison, lequel sera conservé en témoignage.

Énumération de points à spécifier.

1° Le terrain est situé dans le *t'ou...*, *k'iu...*, *pao...*, de la sous-préfecture N., et en tout mesure *tant* d'arpents. A l'E., il s'étend jusqu'au canal public; au N., jusqu'au petit canal de traverse; à l'O. jusqu'à la grande rue, et au N., jusqu'au dehors de la ruelle de la famille *Tcheou*.

2° La maison comprend: a) le premier corps de bâtiment sans étage, ayant sept chambres (1); b) le second corps de bâtiment, ayant une salle à thé [pour les subalternes des visiteurs, etc.] et cinq chambres sans étage; c) le troisième corps de bâtiment à étage, ayant la salle principale, deux chambres latérales et cinq chambres à l'étage et en bas (2); d) le quatrième corps de bâtiment à étage, ayant cinq chambres en haut et cinq en bas; e) le corps de bâtiment sans étage qui entoure la partie postérieure de la maison, ayant treize chambres; f) des ailes latérales sans étages, unissant les différents corps de bâtiment et ayant huit chambres; g) une maison latérale à étage, ayant quatre chambres en haut et quatre en bas; h) une salle de réception latérale à étage, ayant cinq chambres en haut et en bas; i) un bâtiment à étage regardant une direction opposée à celle de la maison et ayant trois chambres en haut et en bas; j) un bâtiment sans étage, ayant huit chambres; l) dans le jardin à fleurs, un salon ouvert de tous côtés, ayant trois chambres; m) deux kiosques; n) deux corridors couverts [l'un au rez-de-chaussée, l'autre à l'étage pour la communication de ces bâtisses avec le jardin].

3° Dans le jardin, l'étang entouré d'un bord maçonné en pierre, les rochers artificiels, les ponts en bois et en pierre, tout cela est compris dans la vente.

4° De même sont compris dans la vente les arbres fruitiers, les fleurs et la bambouseraie.

(1) Par la position qu'il occupe, et par le portail qui s'y trouve, ce corps de bâtiment est appelé 牆門 *ts'iang-men*.

(2) 牕 *tch'oang* deux chambres, dont l'une à l'étage, et l'autre en bas.

5° Enfin sont aussi compris dans la vente, le mur d'honneur, le quai en pierre de taille sur le canal, le mur d'enceinte, qui sont en dehors de la grande porte et la haie en bambou qui entoure le jardin potager.

En donnant à l'acheteur cette pièce, j'ai reçu de lui au complet la somme de *tant* d'onces d'argent pur au poids complet, prix de la vente irrévocable de la maison et du terrain.

Dans l'année *tant* de *Koang-siu,* telle lune,... jour, moi, *Suen Meou,* j'ai fait cet acte de vente à jamais irrévocable de maison et de terrain. — Après sa signature viennent celles de l'entremetteur, du *king-tsao* (1), du chef de groupe des familles, et du secrétaire.

A la dernière ligne le vendeur affirme que cette pièce est un acte de vente à tout jamais irrévocable, à conserver pour être consulté.

---

(1) *King-tsao* 經造 est l'agent chargé des propriétés foncières et de la perception du tribut. Cf. I Part. n. 17.

立代單據鄭癸。爲因己產坐落某縣某保某區某圖某字圩第幾號內則田若干畝契賣與

曉星堂爲本處

天主堂公產。其田執業印單。緣於某年某月某日。被災毀失。經俱稟備案理合另立代單交執爲憑。以便入冊過戶。完賦執業。前開各情。均係的確。毫無虛捏。並非將印單隱匿押出借端掩飾。如有等情。失業理楚。倘或推諉。原中圖甲等協同承值料理。與業主毫無干累。恐後無憑立此代單據爲證。

光緒某年某月某日

信

立代單據鄭癸

原中某甲某

圖某代筆某

實

XVI. ATTESTATION DE CERTIFICAT SUPPLÉANT.

Moi, *Tcheng Koei,* auteur de ce certificat suppléant (n. 97), j'ai
vendu par contrat en due forme à l'Église de l'Étoile-du-matin, pour
faire partie des biens collectifs de la mission catholique de cette
localité, douze arpents de terre soumis au tribut légal, dont j'étais
propriétaire, et cadastrés sous le N° *tant,* du quartier qui porte le
caractère N., au *t'ou...,* au *k'iu...,* de la sous-préfecture N.. Mais le
titre légal a été détruit dans un incendie que j'ai subi *tel* jour, *telle*
lune, *telle* année, ce dont j'ai alors informé par écrit le magistrat local,
qui consigna le fait dans les registres; c'est pourquoi il convient que
je dresse un certificat suppléant qui soit remis à l'acheteur pour en
faire foi (1). Ce certificat lui servira à faire l'enregistrement de son
achat; s'il venait à surgir des contestations, moi, propriétaire sortant,
je me chargerais de les arranger; que si je refusais de le faire, l'entremetteur, le chargé de l'impôt et l'agent du district ensemble s'en
chargeraient et elles ne regarderaient pas l'acheteur; dans la crainte
que dans la suite on manque de preuve, j'ai écrit cette attestation de
certificat suppléant qui en fera foi.

Dans l'année..., moi, *Tcheng Koei,* j'ai fait cette attestation de
certificat suppléant. Après sa signature, etc.. A la fin l'auteur du
certificat affirme que cette attestation est digne de foi.

---

(1) Cette phrase 糠 於... 備案, selon les circonstances, doit être remplacée par une des phrases suivantes: 糠 於 某 年 某 月 某 日 被 竊 遺 失. 經
稟 報 存 案. 理 合... Le titre légal a été perdu lors d'un vol dont j'ai été
victime *tel* jour, *telle* lune, *telle* année, ce dont j'ai alors informé le magistrat
local, qui en conserve la preuve dans les archives, c'est pourquoi...— 糠 由 前
原 主 遺 失 備 案. 交 來 代 單 爲 澄. 除 將 原 代 單 遞 交 外. 理 合... Le titre
légal a été perdu par le précédent propriétaire, comme il conste par les
registres; par suite, lors de mon achat, j'ai reçu de lui un certificat suppléant
qui en fait foi; en plus de ce certificat que je remets aujourd'hui à l'acheteur,
il convient que j'en dresse un autre, en mon nom, qui lui soit remis pour en
faire foi; ce derniet certificat lui servira...— 糠 全 號 共 有 田 三 十 畝. 今 劈
售 田 十 二 畝. 未 便 遞 交 全 號. 除 於 印 單 上. 當 面 加 註 某 年 某 月 某 日
單 內 田 十 二 畝. 售 與 曉 星 堂 字 樣 外. 理 合... Le titre légal comprend
trente *meou* de terre et je n'en vends que douze ; par suite il n'est pas expédient que je le donne à l'acheteur. C'est pourquoi, sur ce titre, en présence
de l'acheteur, il a été indiqué clairement que *tel* jour, *telle* lune, *telle* année, je
vendais douze *meou* à l'Église de l'Étoile-du-matin, et, en outre, il convient
que je dresse...— 糠 全 號 共 有 田 三 十 畝. 當 前 原 主 出 售 田 十 二 畝. 未
便 將 全 號 交 來. 經 於 單 上 註 明 單 內 田 十 二 畝. 售 與 鄭 姓 爲 彙 字 樣.
并 立 代 單 交 來. 除 將 原 代 單 遞 交 外. 理 合... Le titre légal comprend
trente *meou;* le précédent propriétaire ne m'en ayant vendu que douze, il ne
lui était pas expédient de se dessaisir de ce titre ; c'est pourquoi, lors de mon
achat il indiqua clairement sur ce titre qu'il vendait douze *meou* à la famille
Tcheng, et il dressa pour moi un certificat suppléant, que je remets aujour-
d'hui à l'acheteur; de plus il convient que j'en dresse un autre, en mon nom,
qui lui soit aussi remis pour en faire foi; ce dernier certificat lui servira...

立捐助堂基據孔乙。為因本會瞻禮之所屋宇湫隘。經議集貲改建。恭擬

保祿堂字樣為新堂題額。乙有祖遺爽塏一方。計地若干畝。堪作基地。情願

捐獻

保祿堂永為本處

天主堂公產。此地的係祖遺己產。歷久安業。並無爭兢不明朦朧捐獻情事。倘

有等情。乙應理直。自捐之後任憑過戶辦賦執業。乙之後輩亦無異說。此

係自願襄成本會善舉並無絲毫逼迫。欲後有憑立此捐助堂基據為證。

計開

其地坐落某邑某都某區

四至

東至某 南至某 西至某 北至某

交執印單一紙老契幾紙

光緒某年某月　　　　　　　　　日

立捐助堂基據孔乙

見捐某某

代筆某某

19

XVII. ACTE DE DONATION D'EMPLACEMENT

POUR UNE ÉGLISE.

Moi, *K'ong I,* auteur de cet acte de donation (n. 31) d'un emplacement pour église, vu que la chapelle de notre chrétienté est déjà trop petite, de concert avec les autres chrétiens, nous avons par délibération résolu de réunir des fonds pour la bâtir ailleurs, et en même temps nous avons respectueusement choisi St Paul pour être le vocable de la nouvelle église. Possédant par héritage de mes ancêtres un terrain élevé et sec de *tant* d'arpents, propre à être l'emplacement de la nouvelle église, je l'offre volontiers à l'église de St Paul, pour être à jamais le fonds commun de la mission catholique de cette contrée. Ce terrain est bien ma propriété dont je jouis paisiblement depuis longues années. Il n'est l'objet d'aucune contestation, et ma possession ne présente aucun point douteux qui soit l'occasion de la donation (1). S'il venait à surgir des difficultés, je devrais me charger de les arranger. A partir de cette donation, l'église sera le vrai propriétaire du terrain; on fera le transfert de la propriété et l'on paiera l'impôt en son nom et mes descendants n'auront rien à y voir. Cette donation tout à fait spontanée est faite parce que je veux aider à accomplir une bonne œuvre pour cette chrétienté. Voulant que par la suite il en reste une preuve, j'ai fait cet acte de donation de l'emplacement pour l'église, qui en fera foi.

Énumération de points à spécifier.

L'emplacement est situé dans le *k'iu...,* le *t'ou...,* de la sous-préfecture N.; il contient *tant* d'arpents.

Les quatre limites sont : à l'E., jusqu'à *tel* endroit; au S., jusqu'à *tel* autre; à l'O., jusqu'à *tel* endroit; et au N., jusqu'à *tel* autre.

J'ai remis à l'église le titre légal (une feuille) et d'anciens actes reçus des anciens propriétaires *(tant* de feuilles).

Dans l'année *tant* de *Koang-siu,* telle lune,... jour, moi, *K'ong I,* j'ai fait cet acte de donation de l'emplacement pour l'église. — Après sa signature, viennent celles du témoin de la donation et du secrétaire.

A la fin le donateur affirme que cette pièce est vraiment un acte de donation.

---

(1) Cette clause est mise ici parce que la loi chinoise défend d'offrir aux hommes puissants des biens en litige, ou dont le titre de propriété n'est pas clair, de crainte que ces hommes puissants n'usent de leur autorité pour évincer les faibles de leurs droits.

立推戶據王甲。為因將己產坐落某邑某保某區某圖第幾號內王九思堂糧戶名下則田若干畝契賣與信德堂為業應憑業主照數過戶辦賦以明年為始。所有今年條漕。均由原主輸納。恐後無憑立此推戶據為證。

信

信德堂為業應憑業主照數過戶辦賦以明年為始。所有今年條漕。均由原主輸納。恐後無憑立此推戶據為證。

光緒某年某月　　　　　　日

　　　　　　　　立推戶據　王甲

　　　　　　　　　　圖某

實

XVIII. ATTESTATION POUR LE CHANGEMENT
DE NOM DU PROPRIÉTAIRE.

Moi, *Wang Kia,* auteur de cette attestation pour le changement de nom du propriétaire (1), ayant vendu par un contrat en règle à l'église de la Foi qui en sera le propriétaire, *tant* d'arpents de terre, soumis au tribut légal, dont j'étais propriétaire, situés dans la sous-préfecture N. et cadastrés sous le nom de la salle des *neuf méditations* (2) de la famille *Wang,* dans le n° *tant,* au *t'ou...,* au *k'iu...,* au *pao...,* il convient que le nouveau propriétaire puisse à son gré, d'après le nombre d'arpents achetés, en faire le transfert de nom du propriétaire et qu'à partir de l'année prochaine il paie le tribut ; quant à celui de cette année, c'est moi qui le paierai. Dans la crainte que par la suite on en manque de preuves, j'ai fait cette attestation pour le changement de nom du propriétaire, laquelle en fera foi.

Dans l'année *tant* de *Koang-siu,* telle lune,... jour, moi, *Wang Kia,* j'ai fait cette attestation pour le changement de nom du propriétaire. — Après sa signature, vient celle de l'agent du tribut.

Enfin l'auteur affirme que cet acte est digne de foi.

---

(1) Le nouveau propriétaire présente cet acte reçu du vendeur au bureau du cens pour faire inscrire ses nouvelles propriétés sur les registres publics. Cf. Iᵉ Part., n. 32.

(2) Cf. Zottoli, Curs. litt. Sin. vol. II, p. 341.

立會租據王甲。爲因將己產坐落某縣某保某區某圖內則田若干畝契

賣與信德堂爲業其田向係朱乙秦丙等佃種應憑業主着令該佃換立認契照

額收租。今欲有憑立此會租據爲證。

信

光緒某年某月　　　　　　　　　　　　日

立會租據　王甲

保正　某

行

XIX. ACTE DE NOTIFICATION AUX FERMIERS.

Moi, *Wang Kia,* auteur de cet acte de notification aux fermiers
(1), ayant vendu par un contrat en règle à l'église de la Foi qui en
sera le propriétaire, *tant* d'arpents de terre qui étaient ma propriété,
soumis au tribut légal, situés dans le *t'ou...*, le *k'iu...*, le *pao...*, de
la sous-préfecture N., et qui étaient donnés en fermage pour la culture
à *Tchou 1* et *Ts'ing Ping,* il convient que le propriétaire des terres
susdites avertisse les fermiers, pour qu'ils écrivent un nouvel acte de
fermage, et que le nouveau propriétaire, selon la quantité fixée, reçoive
le fermage qui lui est dû. A présent voulant qu'il en existe une preuve,
j'ai fait cet acte de notification aux fermiers qui en fera foi.

Dans l'année *tant* de *Koang-siu,* telle lune, ... jour, moi, *Wang
Kia,* j'ai fait cet acte de notification aux fermiers.—Après sa signature
vient celle du chef de groupe de familles.

A la fin l'auteur affirme que notification doit de fait avoir lieu.

---

(1) Le nouveau propriétaire envoie cet acte reçu du vendeur aux fermiers
pour que ceux-ci viennent renouveler leur bail avec lui. Cf. 1ᵉ Part., n. 77.

立認田契嚴戊。為因無田播種。今央中認到
永平堂租田坐落某邑某保某圖字圩號內田若干畝。額或實租米幾石幾
斗幾升幾合。淋尖幾個。手米照例。自認之後。每屆秋成慎選乾圓好米送
倉決不拖欠。倘遇水旱虫傷悉照邊方大例。恐後無憑。立此認田契為證。

光緒某年某月　　　　　日　立認田契嚴戊

保正某
見認某
保租某
代筆某

認田是實

XX. ACTE D'AFFERMAGE DE TERRE.

(Formule imprimée à *Song-kiang*).

Moi, *Yen Meou*, auteur de cet acte d'affermage de terre (n. 81), n'ayant pas de terres à ensemencer, j'ai prié des entremetteurs de louer pour moi *tant* d'arpents de terre appartenant à la famille de la *Paix-perpétuelle* (1), situés dans le nᵒ *tant*, du quartier qui porte le caractère N., au *t'ou...*, au *k'iu...*, au *pao...*, de la sous-préfecture N., moyennant un fermage nominal (ou réel) (n. 84) de *tant* de *che...*, de *t'eou...*, de *cheng...*, et de *ko* de riz. Dans ce nombre de *che* il y en aura *tant* de mesures combles (2), et l'on ajoutera quelques poignées (3), suivant l'usage. A partir du bail, tous les ans après la récolte, je choisirai avec soin de bon riz (sec et plein), que je porterai aux greniers du propriétaire sans retard aucun. Si par hasard il arrivait de grandes pluies, de la sécheresse, des sauterelles, le fermage à payer en ce cas serait conforme aux règles fixées pour les lieux voisins (n 85). Dans la crainte dans la suite de manquer de preuves, j'ai fait cet acte d'affermage de terre, qui en fera foi.

Dans l'année *tant* de *Koang-siu*, telle lune,... jour, moi; *Yen Meou*, j'ai fait cet acte d'affermage de terre. — Après sa signature viennent celles du chef de groupe de familles, du témoin du bail, du garant du fermier et du secrétaire.

Cette pièce est vraiment un acte d'affermage de terre.

---

(1) Souvent les propriétés des grandes familles sont enregistrées sous le nom de la grande salle de la famille; ce nom est écrit en gros caractères sur une planche en bois, plus ou moins ornée et suspendue horizontalement à la grande poutre qui unit les deux colonnes principales du nord de la salle: cette planche est appelée *pien* 匾.

(2) 淋尖 *Lin-tsien :* comble, formant une proéminence.

(3) 手米 *Cheou-mi :* poignée de riz.

永平堂今收到佃戶金庚

頂種本倉坐落某邑某保

某圖租田若干畝。每年應

納額或實租米若干石正。

另具佃約合給付度收執。

光緒某年某月　日給

天字第六十三號

XXI. REÇU D'ARRHES DE BAIL.

La famille appelée *Yong-p'ing-t'ang* a reçu aujourd'hui des arrhes du fermier *Kin Keng*, qui s'engage à cultiver *tant* d'arpents de terre affermés, appartenant au grenier de la famille, et situés au *pao...*, au *t'ou...*, de la sous-préfecture N.; le fermage nominal [ou réel] à payer chaque année est de *tant* de *che* de riz. Le fermier ayant donné à la famille un acte spécial de bail, il convient que la famille lui donne un reçu des arrhes du bail (n. 81).

Dans l'année *tant* de *Koang-siu,* telle lune,... jour, la famille (son sceau) a donnée ce reçu.

Les caractères de la dernière ligne signifient que les terres affermées sont inscrites sous le N° 63 de la série des reçus qui porte le caractère *T'ien* (1).

●

---

(1) Les propriétaires ayant des propriétés nombreuses, ont plusieurs cahiers pour inscrire par numéro d'ordre ces reçus d'arrhes de bail; les cahiers sont classés sous différents caractères : l'ordre de ces caractères est celui du petit livre *Ts'ien-tse-wen* 千字文.

立佃約金庚，今因無田耕種。情願佃到樂善堂業田若干畝。當日交付頂首錢若干千文正。言定每年應納額或實租米若干石。秋成卽以乾潔好米遵限載送上倉，不敢攙和糠粃秕穀。如有拖欠，任憑扣頂另佃。倘遇水旱虫災，請業主按田踏看諒減。自佃之後。盡力耘壅。及時糞漑。如有荒蕪。照數賠租。恐後無憑。立此佃約存照。

計開

　其田坐落某邑某保某圖

光緒某年某月

　　　　　立佃約金庚

　　　　見佃某

　　　保租某

　代保正某

筆某

佃約是實

XXII. ACTE D'AFFERMAGE DE TERRE.

Moi, *Kin Keng,* auteur de cet acte d'affermage de terre (n. 81), n'ayant à présent pas de terres à cultiver,· et désirant louer *tant* d'arpents de terre appartenant à la famille appelée *Lo-chan-t'ang,* aujourd'hui j'ai remis au propriétaire *tant* de milliers de sapèques en arrhes. Il a été réglé que je devrai payer un fermage nominal (ou réel) de *tant* de *che* de riz; qu'aussitôt après la récolte, aux différents termes fixés par le propriétaire, je porterai à ses greniers de bon riz sec et propre sans me permettre d'y mélanger des choses étrangères, comme de la balle de riz, du riz de mauvaise qualité, des déchets de la décortication ou du riz non décortiqué; que s'il y avait du retard dans le paiement du fermage, le propriétaire serait libre de retenir les arrhes et d'affermer les terres à d'autres fermiers; que s'il arrivait des malheurs causés par l'inondation, la sécheresse, ou les insectes, je prierais le propriétaire de se rendre sur le terrain pour constater le malheur et considérer de quelle somme il pourrait diminuer le fermage (85). A partir du bail, selon mes forces je soignerai les terres, et au temps voulu, je les fumerai et les arroserai; si par· ma négligence les champs devenaient stériles, je paierai néanmoins en entier le fermage convenu. Dans la crainte que dans la suite on en manque de preuves, j'ai fait cet acte d'affermage de terre, qui sera conservé en témoignage.

Énumération de points à spécifier.

Les terres affermées sont situées dans le *t'ou...,* le *pao...,* de la sous-préfecture N..

Dans l'année *tant* de *Koang-siu,* telle lune,... jour, moi, *Kin Keng,* j'ai fait cet acte d'affermage de terre. — Après sa signature viennent celles du témoin et du garant du bail, du chef de groupe de familles, et du secrétaire.

Cette pièce est vraiment un acte d'affermage de terre.

永平堂爲設限收租以輸

國課事照得現屆秋成爾佃應選乾圓好米依限送倉以憑檢輸糧米如故

延遲觀望醃米掂交違限拖欠送官究懲所有設限收成數目開例於左

計開

某縣某保某圖佃某甲實或正租幾石幾斗幾升幾合

首限十月初十日起三十日止每石減免米幾斗幾升

貳限十一月初一日起三十日止每石減免米幾斗幾升

叁限十二月初一日起二十日止每石減免米幾斗幾升

光緒某年某月　　日　　　給

XXIII. ANNONCE DE FERMAGE A PAYER (1).

Le chef de la famille dont la salle principale est appelée *Yong-p'ing-t'ang* [salle de la paix perpétuelle], expédie cette feuille, en vue de donner des termes aux fermiers pour la perception du fermage, et ainsi avoir de quoi payer le tribut (n. 84). Maintenant que la récolte . est faite, vous fermiers, vous devez choisir de bon riz, sec et plein, et aux termes fixés le transporter à mes greniers, afin que j'aie de quoi fournir le riz nécessaire pour le paiement du tribut. Que si de propos délibéré, vous regardez les uns les autres, vous tardiez à transporter le fermage dû, ou si vous vouliez de force faire accepter du riz de mauvaise qualité, ou si enfin, après l'expiration du dernier terme, il y avait encore une partie du fermage qui ne fût pas encore payée, soyez-en avertis, je vous dénoncerais au mandarin qui examinerait l'affaire et vous punirait (n. 87). Quant aux termes fixés et à la quantité de riz à recevoir de vous, tout cela est indiqué ci-dessous.

Énumération de points à spécifier.

Le fermier N. de *tel t'ou..., tel pao...,* de la sous-préfecture N., doit payer un fermage réel [ou nominal] de *tant* de *che* et fractions de *che*.

Le premier terme commence le 10 de la 10ᵉ lune et finit le 30; pendant ces vingt jours, pour chaque *che* de riz de fermage, sera faite une réduction de *tant* de *t'eou* et *tant* de *cheng;* le second terme commence au 1ᵉʳ et finit au 30 de la 11ᵉ lune; pendant ces jours la réduction sera de *tant* de *t'eou* et *tant* de *cheng;* le troisième terme commence le 1ᵉʳ et finit le 20 de la 12ᵉ lune; pendant ces jours la réduction sera de *tant* de *t'eou* et *tant* de *cheng*.

En l'année *tant* de *Koang-siu, telle* lune, *tel* jour, cette annonce a été donnée par le chef de la famille dont on appose le sceau (2).

---

(1) 緣 *yeou* est aussi écrit sur ces feuilles 由 *yeou*, et signifie un résumé d'un autre document ou livre plus détaillé; son emploi dans ce sens est assez fréquent; ainsi dans la préfecture de *Song-kiang* 松 江, les sous-préfets donnent avis aux cultivateurs de la quotité du tribut à payer par une feuille dite *yeou-tan* 由 單. Le P. Zottoli, Curs. litter. sin. vol. IV, p. 461 en indique un autre emploi.

(2) Dans une autre feuille que j'ai devant moi, après le sceau, on a écrit ces quatre caractères : 過 限 不 免 : le terme passé, il ne sera plus fait aucune réduction.

立分種攬據崔乙。今攬到

愛日堂公產坐落某處禾田若干畝。言定每年秋熟。臨田分穀。無論年歲豐

歉。各收一半。挑載送倉春熟每畝納通足錢二百文。當日交付頂首通足

錢若干千文正。在田瓦屋三間。准得居住。不納租銀捉漏小修佃戶承當。

言明若干年爲期。年滿再議自攬之後。斷不失耘吝壅荒田誤東。如有此

等。聽憑另召欲後有憑立此分種攬據爲證。

光緒某年某月　　　　　　日

立攬田分種據崔乙

中證某

保攬某

代保正某

代筆某

XXIV. ACTE D'AFFERMAGE DE TERRE
A RÉCOLTE PARTAGÉE.

Moi, *Ts'oei I*, auteur de cet acte d'affermage de terre à récolte partagée (nn. 81, 83, 5°) je prends à ferme *tant* d'arpents de terre à riz appartenant à la famille dite *Ngai-jé-t'ang*, situés dans *tel* endroit. Il a été stipulé que chaque année, quand la récolte d'automne aura mûri, les deux parties nous nous rendrons aux propriétés pour faire le partage du riz sur pied, et que sans distinction de bonne année ou de mauvaise, chacune des parties en prendra la moitié; que je porterai la part du propriétaire à ses greniers; qu'à la récolte du printemps je lui paierai pour chaque arpent deux cents sapèques au complet. Aujourd'hui j'ai remis au propriétaire des arrhes montant à *tant* de milliers complets de sapèques; le propriétaire me permet d'occuper la maison de trois chambres couverte en tuiles qui se trouve sur les terres affermées, sans que j'aie à lui payer de loyer; je m'engage à faire les réparations du toit et autres petites réparations. Il a été dit expressément que ce bail est pour *tant* d'années, que ce terme expiré, on délibérera de nouveau. A partir de ce contrat d'affermage je ne manquerai pas à mon devoir de cultiver les terres et ainsi d'éviter que les champs deviennent stériles et que le propriétaire éprouve du dommage; si cela arrivait, le propriétaire serait libre d'appeler un autre fermier. Voulant que par la suite on en ait une preuve, j'ai fait cet acte d'affermage de terre à récolte partagée, qui en fera foi.

Dans l'année *tant* de *Koang-siu,* telle lune, ... jour, moi, *Ts'oei I,* j'ai fait cet acte d'affermage de terre à récolte partagée. — Après sa signature viennent celles du témoin et du garant du bail, du chef de groupe de familles et celle du secrétaire.

A la dernière ligne le fermier dit que cette pièce est vraiment un acte d'affermage de terre digne de foi.

立限期退佃據崔乙。今限到

愛日堂。前攬分種禾田業已期滿。自應退佃遷移。奈一時不及。致東理論。因

浼中證說情寬限。另立限據。定於某年某月遷出讓田。再不違延。如蹈前

轍。任憑鳴公懲處。認罪無辭。所限是實立此爲據。

光緒某年某月　　　　　　　　　　　日

立退佃限期據崔乙

見限某

代筆某

限　期　是　實

XXV. ATTESTATION POUR ASSIGNER UN TERME A

UN BAIL D'AFFERMAGE DE TERRES.

Moi, *Ts'oei I,* auteur de cette attestation de terme à un bail d'affermage de terres, à présent, pour assigner ce terme, je me présente à la famille dite *Ngai-je-t'ang.* Ayant précédemment affermé ses terres à riz par un contrat d'affermage à récolte partagée, et le terme y assigné étant déjà arrivé, j'aurais dû abandonner les terres et déménager; mais à ce moment n'ayant pas pu le faire, j'ai donné au propriétaire une occasion juste de me demander des explications; c'est pourquoi j'ai prié des entremetteurs d'intercéder pour moi auprès de lui, pour qu'il veuille bien me proroger le terme, et recevoir de moi une attestation spéciale qui le détermine. Il a donc été résolu qu'en *telle* lune de *telle* année je déménagerai et céderai les terres; que, contre la parole donnée, je ne prolongerai pas l'occupation des terres; que si cependant je marchais dans la même voie qu'auparavant, le propriétaire pourrait me déférer à l'autorité publique pour mon châtiment, et qu'alors je reconnaîtrais ma faute sans excuse. Le terme ci-dessus indiqué est bien fixé, en foi de quoi j'ai fait cette attestation.

Dans l'année *tant* de *Koang-siu, telle* lune, ... jour, moi, *Ts'oei I,* j'ai fait cette attestation de terme fixé à un bail de terres. — Après sa signature viennent celles du témoin de l'acte et du secrétaire.

A la fin l'auteur affirme l'exactitude du terme fixé.

光緒　某年　某月

洋銀價照衣牌不申錢色

賃房文契是實

日

立賃房文契　陶甲

保租　某　某

中證　某　某

圖甲　某　某

代筆　某　某

立賃房文契 陶甲為因無房生理。今憑中保某某等賃到

德馨堂業產樓平房若干間三面言明每年租金制錢若干正。閏月減半按

月憑摺交納小租照例。決不拖欠。先付頂首若干正。卽於本年某月某日

起租捉漏蓋修業主料理。倘後退租先期三月各相關照。并議明不得停

留匪類開設烟館招集賭博。出售佛事所用物件。如有等情。任憑業主另

賃。卽行遷出倘有虧欠租銀。任將頂首扣除。此係議明立契。決無異言。今

欲有憑。立此賃房文契為照。

　　計開

　　　其房坐落某縣某保某圖某街坐北朝南門面

　　　共計樓平房若干間門窻四壁一應俱全

　　錢串九九

XXVI. ACTE DE LOCATION DE MAISON.

Moi, *Tao Kia,* auteur de cet acte de location de maison (n. 89), manquant de maison pour faire le commerce, à présent, à l'aide de N. et N. entremetteurs et garants, je prends en location une maison de *tant* de chambres avec ou sans étage, appartenant à la famille dite *Té-hing-t'ang.* Les trois parties nous avons stipulé clairement que le prix de location par an serait de *tant* de sapèques légales; que le prix de location pour le mois intercalaire serait la moitié de celui des autres mois; que chaque mois le paiement serait fait sur la présentation du livret de location (n. 89); que le petit loyer (n. 90) serait en outre payé selon la coutume; que dans le paiement il n'y aurait pas le moindre retard; que je donnerais d'avance au propriétaire *tant,* comme arrhes de ce contrat; que j'entrerais en possession de la maison louée à partir de *tel* jour de *telle* lune de la présente année; que les réparations du toit et autres seraient à la charge du propriétaire; que si un jour l'une des parties voulait résilier ce bail, elle préviendrait l'autre partie trois mois avant le terme (n. 91). En outre il a été clairement convenu après délibération commune que moi locataire je ne devrai point, dans la maison louée, garder de mauvaises gens, ouvrir une fumerie d'opium, attirer des joueurs, ni vendre des objets employés au culte de Bouddha; que si je faisais un jour de telles choses, le propriétaire serait libre d'appeler d'autres locataires, et je devrais aussitôt quitter la maison; que, de plus, si je ne payais pas le prix de location, le propriétaire pourrait en retenir l'équivalent sur les arrhes données. Tout cela est vraiment un contrat fait après délibération, et il n'y a pas eu d'autres paroles. A présent, voulant qu'il en reste une preuve, j'ai fait cet acte de location de maison en témoignage.

Énumération de points à spécifier.

La maison est située dant *telle* rue, *tel t'ou...,* *tel pao...,* de *telle* sous-préfecture, et elle regarde le sud. Les chambres à étage ou sans étage en tout sont au nombre de *tant :* les portes, les fenêtres et les murs sont en bon état (1). Les centaines de sapèques seront composées de quatre-vingt-dix-neuf au moins. La valeur de la piastre sera estimée comme au magasin d'habits, sans addition (2).

Dans l'année *tant* de *Koang-siu, telle* lune, ... jour, moi, *Tao Kia,* j'ai fait cet acte de location de maison. — Après sa signature viennent celles du garant, de l'entremetteur etc..

Cette pièce est vraiment un acte de location de maison.

---

(1) Si la maison a plusieurs corps de logis, il faudra faire une liste en double bien détaillée, dont chaque partie prendra une copie pour faciliter l'examen et la remise de la maison à la fin du bail.

(2) Dans ces magasins la piastre est estimée à un taux inférieur par rapport à plusieurs autres maisons de commerce.

立賃房摺陶甲。今賃到樓平房若干間。先

德馨堂坐落某處。付頂首若干正。言定每年租金制錢

若干正。按月交納。閏月減半。小租照

例。即以本年某月某日起租。所有議

明各欵。詳載文契。茲不重叙。立此賃

房摺以憑支取存照。立賃房摺陶甲

光緒某年某月日

代筆某　甲某　圖某　中某　保租某　立賃房摺陶甲

XXVII. LIVRET DE LOCATION DE MAISON.

Moi, *Tao Kia,* auteur de ce livret de location de maison (n. 89), à présent je prends en location *tant* de chambres à étage et sans étage, situées en *tel* lieu, appartenant à la famille dite *Té-hing-t'ang,* à qui j'ai donné *tant,* comme arrhes du contrat. Il a été stipulé que le loyer de chaque année sera de *tant* de sapèques légales; que le loyer sera payé chaque lune; que le loyer de la lune intercalaire sera la moitié du loyer des autres lunes; que le loyer commencera en *tel* jour de *telle* lune de l'année courante. Chacun de ces points déterminés après délibération des parties est clairement consigné dans l'acte du contrat, c'est pourquoi on ne les expose pas ici de nouveau; mais je fais ce livret de location de maison que je donne au propriétaire, qui s'en servira pour réclamer le loyer et qui le conservera pour être consulté.

Dans l'année *tant* de *Koang-sin, telle* lune, ... jour, moi, *Tao Kia,* j'ai fait ce livret de location de maison.—Après sa signature viennent celles du garant, de l'entremetteur, du chef de district, du chef de groupe de familles et du secrétaire.

信

行

光緒某年某月

代筆某

某某　給

德馨堂爲給召票事。本堂

將坐落某處樓平房若干

間召到　陶甲居住。

言定每年租銀

若干正。按月支取。收到頂銀

首洋銀若干圓正。日後遷頂

移照數交還。如有虧欠租

銀。即以頂首扣償。合給此

召票收執。

XXVIII. REÇU D'ARRHES POUR LA LOCATION

D'UNE MAISON.

La famille dite *Té-hing-t'ang* fait cette pièce pour donner au locataire un reçu d'arrhes de location (n. 89). Le soussigné, chef de cette famille, donne en location à *Tao Kia* pour y habiter, *tant* de chambres à étage et sans étage, situées en *tel* endroit. Il a été stipulé que le loyer par an sera de *tant;* que le loyer sera perçu chaque lune. J'ai reçu du locataire *tant,* comme arrhes du contrat, que je lui rendrai au complet, quand il changera de maison, à la fin du bail; si cependant le locataire devait alors quelque chose du loyer, on retiendrait les arrhes pour le paiement. En foi de quoi il convient de délivrer ce reçu au locataire.

Dans l'année *tant* de *Koang-siu, telle* lune, ... jour, ce reçu a été délivré.—Après le sceau du chef de la famille, viennent les signatures de l'entremetteur et du secrétaire.

Cet acte est digne de foi.

契

江南江寧等處承宣布政使司為遵

旨議奏事奉

戶部咨嗣後布政司領發給民契尾編列號數前半幅照常細書業戶姓名買賣田房數目價稅銀兩後半幅於空白處預鈐司印投稅時將契價稅銀數目大字填寫鈐印騎字截開

旨依議欽此咨院行司奉此合置契尾頒給凡有紳士軍民置買田地房產洲塲務令賣契到官一契

前幅給業戶收執後幅同李冊彙送布政司查核等因奉

契不請粘給契尾者經人首報即照漏稅例治罪產業半沒入官均各凜遵至契尾者

粘給一尾照價上稅儘收儘解倘有不肯官吏希圖侵隱察出照例森森如小民貧減稅銀甘印白

字號同治　某年某月

買賣民

布字

業戶某買某坐落某都某圖某甲田房等間戲幾分披

計開

原用價銀某兩幾錢幾分幾厘完稅銀某兩幾錢幾分幾厘

號發某縣

右給業戶某

目給

契載絕賣

准此

FORMULE DE *CONFIRMATION* D'UN ACTE DE VENTE
DÉLIVRÉE PAR LE TRÉSORIER GÉNÉRAL DE *NAN-KING* (1).

Acte [de confirmation (2)].

Nous, trésorier général de la préfecture de *Kiang-ning* et autres dans le *Kiang-nan,* délivrons ce diplôme pour nous conformer à un projet du Ministère des Revenus approuvé par l'Empereur.

Nous avons reçu une communication du vice-roi et du gouverneur de la province contenant la décision suivante du Ministère des des Revenus: «A l'avenir, quand les trésoriers auront à délivrer aux particuliers des diplômes pour confirmation d'actes de vente de terres ou de maisons, ces diplômes porteront un numéro d'ordre, et seront composés de deux parties; sur la première partie du diplôme, selon l'usage, on écrira en détail les noms et prénoms du vendeur et de l'acheteur, le nombre d'arpents de terre ou de chambres, objet de la vente, la quotité du prix de vente et de la taxe légale à payer pour en obtenir la confirmation; et sur la seconde, à l'endroit laisssé en blanc, le trésorier apposera son sceau à l'avance, et lors de la confirmation du contrat, le fonctionnaire qui en est chargé (n. 62) inscrira en chiffres majuscules (n. 2), sur le sceau, les deux sommes d'argent, à savoir le prix de vente et le montant de la taxe légale pour confirmation, de manière que les chiffres soient en partie sur chaque moitié du diplôme; le même fonctionnaire coupera le diplôme en deux parties par le milieu du sceau et des chiffres; il donnera celle de droite à l'acheteur, et enverra celle de gauche, avec les autres cahiers, au trésorier, aux quatre saisons de l'année, pour qu'il en prenne connaissance, etc.; de plus, nous [membres du Ministère] ayant présenté à l'Empereur un rapport de notre délibération, nous avons reçu de lui un décret, ordonnant de la mettre en pratique.» Cette décision transmise par l'intermédiaire du vice-roi et du gouverneur ayant été reçue par nous [trésorier], pour nous y conformer, il convient que nous préparions des feuilles numérotées pour la confirmation des contrats de vente, et que nous les envoyions d'avance aux sous-préfets (soit *hien,* soit *tcheou)* de notre juridiction. Ainsi donc, à l'avenir, quand un propriétaire, quelle que soit sa condition (3), achètera, soit des terres, soit des

---

(1) L'acte de *confirmation* délivré par le trésorier de *Sou-tcheou* 蘇州 est identique à celui que nous donnons ici.

(2) Sur la partie correspondante à celle-ci doit se trouver le caractère 尾. Cf. 1ᵉ Part., n. 61.

(3) Le texte distingue trois classes d'acheteurs; les notables (qui appartiennent à des familles mandarinales ou qui leur sont assimilés sur ce point), les soldats et les gens du petit peuple.

maisons, soit des îlots, soit des marais, il devra présenter au sous-préfet les actes de l'achat; celui-ci collera sur chaque acte un diplôme de confirmation, et l'acheteur paiera la taxe légale proportionnelle au prix d'achat au sous-préfet, qui nous l'enverra intégralement. Que si des sous-préfets indignes, pour obtenir un gain illicite, venaient à s'approprier cette taxe, et à ne pas l'inscrire sur le diplôme, l'affaire une fois découverte, selon la loi pénale, ils seront dénoncés à l'Empereur et punis. Quant aux gens du petit peuple, si pour échapper à la taxe légale, ils se contentaient d'actes simplement signés et timbrés, et ne demandaient pas que le diplôme de confirmation fût collé sur leurs actes d'achat, une fois dénoncés, ils seront punis, d'après la loi relative aux fraudeurs du tribut, par confiscation de la moitié de l'objet en question. Que tous obéissent respectueusement à cette ordonnance.—Cette pièce est un diplôme de confirmation d'un acte de vente.

Énumération de points à spécifier.

Le propriétaire N. a acheté de Mr.N. un terrain de *tant* d'arpents et dixièmes d'arpent (ou une maison de *tant* de *kien* et de *p'i* (1)], situés en *tel t'ou, tel kia.* Le prix du contrat est de *tant* d'onces et fractions d'once d'argent; la taxe légale payée est de *tant* d'onces et de fractions d'once d'argent.

Ce diplôme, noté sous le caractère *pou* au n° *tant,* a été délivré à la sous-préfecture N.. Sur l'acte il conste que le contrat est une vente irrévocable.

Cette partie droite du diplôme de confirmation a été délivrée au propriétaire N..

Le diplôme au caractère N. et n° *tant* a été délivré en l'année *tant* de *T'ong-tche, telle* lune, *tel* jour.

Les caractères enjambant sur les deux parties de l'acte portent le prix de l'achat et le montant de la taxe légale pour la confirmation en onces et fractions d'once d'argent.

---

(1) Dans un corps de bâtiment chinois, le nom des chambres ordinaires est 間 *kien ;* on donne celui de 拔 *p'i:* 1° aux chambres d'une maison dont le toit n'a qu'un versant; 2° aux chambres abritées par un versant secondaire soit latéral soit postérieur.

DIPLÔME DU TRÉSORIER GÉNÉRAL (n. 93).

Nous, trésorier général de la province de *Kiang-sou*, délivrons la présente pièce pour, — après avoir exposé la demande des règles à suivre dans la déclaration de nouvelles terres et dans l'expédition de diplômes, et la réponse faite par l'autorité compétente — donner un de ces diplômes. Aux jours second et onzième de la 5e lune de l'année 18e de *K'ien-long* (1753), furent reçues deux dépêches officielles du vice-roi par intérim *Ngo* et du gouverneur *Tchoang,* par lesquelles ils communiquaient une décision reçue par eux du Ministère des Revenus. Cette décision est une réponse dudit Ministère faite par ordre impérial à un mémoire détaillé présenté au Trône par le grand juge *T'ong* de la province de *Tché-kiang.* Dans cette réponse, nous [membres du Ministère], nous proposons, par rapport aux demandes des gens du peuple présentées pour obtenir la culture de terres nouvelles, de donner aux trésoriers généraux des provinces l'ordre de faire imprimer des diplômes et d'y apposer leur sceau, et, quand une demande de culture sera présentée, de faire examiner la demande et le terrain, de délivrer le diplôme au cultivateur et de faire enregistrer les nouvelles terres pour des vérifications ultérieures; que si un jour, par la disparition des cultivateurs, ou par suite de la mauvaise qualité des terres, celles-ci devenaient stériles, il soit permis aux propriétaires d'en avertir les autorités et de rendre les diplômes; que si des propriétaires ne demandaient pas le diplôme prescrit, ils soient punis de la peine infligée à ceux qui à l'insu de l'autorité défrichent de nouvelles terres (1); enfin que si des mandarins locaux ne faisaient pas d'enquêtes sérieuses au sujet des nouvelles terres, ou s'ils accordaient sans discernement des diplômes, ils soient sévèrement recherchés et dénoncés à l'Empereur; cette réponse a été approuvée par l'Empereur, et, pour que l'on s'y conforme, nous l'avons communiquée aux autorités provinciales, comme il conste par les archives. — A présent, nous [trésorier général], avons reçu du propriétaire indiqué plus bas une demande pour obtenir que la propriété ci-dessous décrite soit classée parmi les propriétés sujettes au tribut légal; les mandarins locaux ont examiné la demande et la propriété en question; ils l'ont enregistrée, et nous ont envoyé le rapport final sur l'affaire. Après quoi, nous avons présenté au gouverneur de la province un rapport; le gouverneur en y répondant donne la permission de classer la propriété en question et de commencer à en percevoir le tribut; en outre, comme il convient, nous délivrons au cultivateur ce diplôme. — Cette pièce est délivrée pour faire foi. [Le trésorier a ajouté au pinceau le caractère 照.]

---

(1) Le texte chinois porte quatre classes de propriétés.

Énumération de points à spécifier.

Le cultivateur N., de la sous-préfecture N., présente une pétition pour déclarer qu'il veut faire valoir *tant* d'arpents et *tant* de fractions d'arpent de terrain (1). Le terrain paiera le tribut légal à raison de *tant* de *t'eou,*... de *cheng*... de *ko* de riz par arpent, et il commencera à être payé à partir de *telle* année.

Les limites du terrain sont : à l'E., jusqu'à *tel* lieu, et à l'O., jusqu'à *tel* autre; au S., jusqu'à *tel* lieu, et au N., jusqu'à *tel* aùtre.

En l'année *tant* de *Hieng-fong, telle* lune, *tel* jour.

Les caractères écrits à moitié sur la dernière ligne indiquent que ce diplôme, inscrit sous le caractère *Pan* au nº *tant,* a été délivré à la sous-prefecture N.

---

(1) Le texte porte quatre classes de terrains dont l'une est un marais où l'on coupe des roseaux, etc.

執業田單

江蘇松江府上海縣爲給發田單收糧執業事照得民

間田額久未清釐現經善後案內詳奉

憲行均歸的戶承辦遵照按畝查丈所有該戶執業細號

田畝除註冊外合給此單收執辦糧須至單者

計開

業戶　某　保　某　區　某　圖　某　字圩　第幾　號

業戶　某　則田　書千畝幾分幾厘幾毫

咸豐伍年　月　日給

縣

如有買賣以此單爲準同契投稅填註現業過

戶辦糧備匯存乾隆四十八年田單概不爲憑

TITRE OFFICIEL DE PROPRIÉTÉ.

(Employé dans la sous-préfecture de *Chang-hai*).

Moi, sous-préfet de *Chang-hai,* j'expédie cette pièce en vue de donner un titre officiel du cadastre (n. 93), qui servira à percevoir le tribut et à constater la propriété d'un terrain. On sait que parmi le peuple il y a longtemps que le cadastre des terres n'est pas clairement réglé; à présent, parmi les documents relatifs aux affaires traitées par le bureau dit *chan-heou-kiu,* il y a un rapport présenté aux autorités supérieures de la province, et la réponse de celles-ci ordonnant que toutes les terres soient attribuées à des propriétaires stables qui soient chargés du paiement du tribut. Pour m'y conformer (1), après enquête, j'ai mesuré tous les terrains. Quant au propriétaire indiqué plus bas, outre que j'ai fait inscrire en détail sur les registres le numéro de son lot et son étendue, comme il convient, je lui délivre cette pièce qui lui servira pour le paiement du tribut. Cette pièce est donnée pour servir de titre officiel.

Énumération de points à spécifier.

Dans le lot n. *tant,* au quartier marqué du caractère N., dans *tel t'ou, tel k'iu, tel pao,* le propriétaire N. possède *tant* d'arpents et fractions d'arpent de terre sujets au tribut ordinaire.

En l'année 5ᵉ de *Hien-fong, telle* lune, *tel* jour, ce titre a été expédié par la sous-préfecture N..

Les lignes de gauche en petits caractères portent: Si le terrain venait à être vendu, ce titre servirait au vendeur pour lui garantir la propriété du terrain. L'acheteur, l'ayant reçu du vendeur, le présentera avec l'acte du contrat à l'autorité locale, pour faire l'enregistrement de la propriété et le transfert de nom du propriétaire, et aussi pour que l'autorité puisse lui demander le paiement du tribut. Si quelqu'un conservait en cachette le titre officiel délivré en l'année 48ᵉ de *K'ien-long,* qu'il sache que ce titre ne fait plus foi.

---

(1) Le district rural 圖 *t'ou* est subdivisé en plusieurs lots numérotés, comprenant chacun une ou plusieurs portions de terrain; chaque lot ou portion de lot appartient à un propriétaire; les noms des propriétaires avec l'étendue des propriétés sont consignés dans un registre, et à chaque propriétaire le sous-préfet a délivré un titre officiel. Cf. Iʳ Part., n. 22.

TITRE OFFICIEL EXPÉDIÉ PAR ORDRE
DE L'AUTORITÉ SUPÉRIEURE POUR METTRE EN BON
ORDRE LE TRIBUT TERRITORIAL ET CONSTATER
LE DROIT DE PROPRIÉTÉ.

Moi, *Kin,* par décret impérial décoré de la dignité nominale de préfet, en expectative d'une préfecture indépendante de deuxième classe, et par intérim sous-préfet de *Leou,* dans la préfecture de *Song-kiang,* j'expédie cette pièce en vue de donner un titre officiel de propriété qui puisse servir à fixer clairement la quotité du tribut, et à faciliter au peuple la constatation des droits de propriété. Par les archives de la sous-préfecture de *Leou* il conste que dans l'année 2e de *T'ong-che* (1863), il fut établi un bureau chargé de fixer clairement la quotité du tribut ; mais on se trouvait alors pressé pour la perception du tribut qu'il fallait instamment commencer, et il fut impossible de régler cette affaire d'une manière satisfaisante. J'ai maintenant rédigé sur ce sujet un règlement détaillé que j'ai présenté par écrit à l'autorité supérieure pour être examiné et mis à exécution, et j'ai reçu de Mr. *Yng,* trésorier général par intérim de la province, une réponse, dans laquelle il m'ordonne de réfléchir et de délibérer sur le règlement proposé, et d'en mettre à exécution avec discernement les divers articles, en sorte que les propriétaires actuels soient réellement les propriétaires consignés dans les registres, et que toutes les propriétés territoriales soient adjugées à des propriétaires fixes : de plus j'ai reçu de Mr. *Yng,* trésorier général par intérim (1), et directeur général du bureau chargé de tout le tribut de la province de *Kiang-sou,* une communication où il me dit que les règles proposées pour rectifier les erreurs existant actuellement dans la perception du tribut de cette sous-préfecture sont bonnes et raisonnables, et par suite qu'il faut conformément à ces règles, députer des délégués, qui d'accord avec moi, sous-préfet, arrangent cette affaire. J'ai ensuite reçu de Mr. *Tchang,* gouverneur intérimaire de province, une communication envoyée au bureau chargé de tout le tribut, avec ordre d'examiner soigneusement les règles proposées, et de lui en faire un

---

(1) Les deux caractères 護 et 署 sont employés pour désigner un fonctionnaire suppléant : mais le premier se dit d'un suppléant tout à fait provisoire pour peu de durée, v. gr. à la mort du titulaire, en attendant la nomination soit du titulaire, soit d'un suppléant pour un plus long espace de temps ; le second se dit d'un suppléant nommé pour tenir la charge en attendant la nomination du titulaire, ou même en l'absence de celui-ci pour des commissions plus ou moins longues reçues de l'autorité supérieure.

遵憲清田執業方單

欽加銜補用直隸州署松江府婁縣正堂金　為清賦便民給單執業事照婁縣清糧同治二

年曾經設局辦理彼時急待欽徵致難澈底鑒正現經本縣詳擬章程稟請查辦率

署布政司應　批速即秀的章程分別辦理務俾戶戶相符田歸有著等因又率

督辦縣肖全書總局署布政司應　批該縣田糧斜錯議章更正均屬妥洽應惟委員

會同照辦並奉

護撫部院張　批飭全書總局核議具詳飭遵棄經會同

憲委補郙院丁　設局辦理續將會辦情形稟華

巡撫部院丁　批所議清理田糧更正戶名辦法尚為周妥等因奉此查糧賦不清由於

版島外混現在就田問業清釐擅賦之源就棄徵糧永杜相觝之累如棄田分散在各保

各鄉仍按照田棄章程分俅分鄉核立的戶不使紛岐以除說寄兆分槓辦嗣後民間買

賣即以此單為憑田隨卑轉單隨現棄戍交之後遵照

巡撫部院丁　札飭以單契並繳割不准戶書經承人等再為分立說戶致壞清釐成

法凡從前舊單概作廢紙此後遇有田土沙如無此單即不准理除將單式詳明

各大憲立棄一面勒石永遵外合將該棄保畜圲號畝分科則詳列於後永為執業須至

單者

　計開

坐落幾保幾　幾字圲　　幾號　　田

　　的棄某某

同治　某年某月　　日給

rapport détaillé. Pour me conformer à cet ordre, de concert avec les délégués de l'autorité supérieure MM. *Tchou* et *Chao,* j'ai constitué un bureau chargé de l'affaire; puis j'ai présenté au gouverneur Mr. *Ting* un rapport détaillé des actes faits d'un commun accord par ledit bureau. Le gouverneur, en réponse, m'a écrit que les règles proposées pour fixer clairement le tribut des terres et pour changer les noms des propriétaires pouvaient être considérées comme passablement complètes et sûres en pratique, Après réception de cet ordre, attendu que le paiement du tribut ne peut pas se faire convenablement parce que les registres des districts ruraux sont en désordre, pour chaque terre on s'enquerra du nom du propriétaire, et ainsi l'on rectifiera la base sur laquelle s'appuie la solution du tribut; pour chaque propriété on exigera le tribut, coupant court ainsi pour toujours aux inconvénients d'avoir à payer le tribut des autres (1). Quant aux divers terrains situés dans chaque district rural, conformément aux règles établies pour la composition du registre de ce district, il faut que pour chaque lot de terre l'on inscrive le nom du propriétaire; on évitera ainsi la confusion, et l'on supprimera les abus invétérés qui en découlent (2). A l'avenir, dans les contrats de vente parmi le peuple ce titre officiel de propriété fera foi; la terre changera de propriétaire avec le titre qu'on se transmettra, et le titre suivra toujours le propriétaire actuel. Après confection et distribution des titres officiels, en conformité avec l'ordre donné par le gouverneur Mr. *Ting,* le titre officiel et l'acte de vente seront examinés ensemble et serviront à faire le transfert de nom du propriétaire. Il ne sera plus permis aux employés des bureaux des revenus de la sous-préfecture, ni à ceux qui sont chargés du transfert de nom des propriétaires, de diviser les lots et d'inscrire frauduleusement de nouveaux propriétaires, et par ces procédés d'anéantir les règles établies pour fixer clairement la base du tribut. Tous les anciens titres officiels sont annulés par le

---

(1) Celui qui est chargé de percevoir le tribut pour un district rural reçoit à la sous-préfecture les quittances timbrées (n. 57) pour les propriétés du district; or, par suite de la confusion existant dans le partage des lots et dans le cahier détaillé des noms des propriétaires, il arrive souvent que des particuliers sont obligés de payer le tribut pour des terres appartenant à d'autres.

(2) Ces abus, laconiquement exprimés en chinois par quatre caractères, sont: d'abord celui de faire tomber par ruse sur d'autres propriétaires le paiement du tribut dû pour ses propres terres; de faire tomber sur plusieurs une charge qui ne doit être supportée que par un seul. — L'abus dont parle le texte peut aussi être celui de faire inscrire sous un seul nom des propriétés situés en différents districts ruraux, ce qui occasionnerait nécessairement de la confusion dans le partage des lots d'un même district.

présent titre; ainsi donc, dans les procès qui pourraient être intentés par la suite au sujet de la propriété des terrains, si une des parties ne présentait pas ce titre officiel, il n'y aurait pas lieu de s'occuper de son procès. Une feuille spécimen de ces titres a été portée à la connaissance de chacune des autorités supérieures; elle a été aussi gravée sur pierre pour servir à jamais de modèle. De plus il convient d'inscrire à la suite le nom du propriétaire, les numéros du *pao* et du *t'ou,* le caractère du quartier, le numéro du lot, l'étendue du terrain, et sa qualité par rapport au tribut auquel il est sujet, données qui seront un éternel témoignage pour constater la propriété. — Cette pièce servira de titre officiel de propriété.

Énumération de points à spécifier.

La terre en question est située dans le *pao...,* le *t'ou...,* au quartier ayant le caractère N., au lot numéro *tant;* elle contient *tant* d'arpents...: elle appartient à Mr. N..

En l'année *tant* de *T'ong-tche, telle* lune, *tel* jour, ce titre a été expédié.

上忙執照

崑山縣為啟徵錢糧事今據 菜區北二 圖糧戶 某

同治拾壹年分無閏上忙漕摺等欵正耗銀 叁錢貳分柒厘

除銀自行投櫃外合給印照收執

同治拾壹年

正堂 〔花押〕

月 日給

崑字第 幾 號

完納

漕米執照　不取錢票

崑山縣為徵收糧米事據 菜區北二 圖糧戶 某

同治拾貳年分開載田漕身荒漫完銀壹分實徵米伍升升

除備比照銷冊外合給執照歸農

同治拾貳年 月

正堂 〔花押〕

日給 糧戶隨時呈請更正 備有戶名米數不符

完納

QUITTANCE POUR LE TRIBUT EN RIZ.

(En usage dans la sous-préfecture de *Koen-chan*).

N. B. On n'exige pas d'argent pour la distribution de cette quittance.

Moi, sous-préfet de *Koen-chan,* je donne cette pièce en vue de percevoir le tribut en riz (nn. 39 et 43). — A présent j'atteste que le propriétaire N. des terres situées au *t'ou* n. 2, du *k'iu* du nord qui porte le caractère *tsai,* a payé cinq *teou* et cinq *cheng,* pour les tributs dits *ts'ao-liang* et *pé-yn* des terres fertiles, répondant à la 12e année de *T'ong-tche,* dans laquelle il y a lune intercalaire. Après avoir fait la réduction de 0,015 (n. 51), le paiement a été annoté sur les registres en témoignage, et de plus, comme il convient, je délivre cette quittance qui sera remise au propriétaire rural. Elle a été délivrée en l'année 12e de *T'ong-tche...,* telle lune, *tel* jour. — Le sous-préfet signe la quittance (1).

---

(1) On prévient que si le nom du propriétaire et la quotité de tribut en riz à payer consignés dans cette quittance ne répondaient pas au nom du vrai propriétaire et à la quotité réellement due, le propriétaire pourrait, quand il voudrait, demander la rectification.

QUITTANCE DU TRIBUT DIT *CHANG-MANG.*

(En usage dans la sous-préfecture de *Koen-chan).*

Moi, sous-préfet de *Koen-chan,* je donne cette pièce en vue de percevoir le tribut (nn. 43 et 39). A présent j'atteste que le propriétaire N. des terres situées au 2e *t'ou* du *k'iu* du nord qui porte le caractère *tsai,* a payé 0,once 327 (1), pour les tributs dits *chang-mang* et *ti-ts'ao* des terres à riz, pour l'année 11e de *T'ong-tche* dans laquelle il n'y a pas de lune intercalaire. L'argent reçu a été mis en caisse, et de plus, comme il convient, je délivre au propriétaire cette quittance.

La quittance a été délivrée en l'année 11e de *T'ong-tche...,* telle lune, *tel* jour.

Le sous-préfet signe la quittance. Elle porte le n° *tant* dans la catégorie des pièces marquées au caractère *koen* (2).

---

(1) Les caractères 耗 銀 sont expliqués au n. 63 de la Iᵉ Partie.

(2) Cette quittance a été détachée d'un livre à souche, et forme aussi la quittance qui sera délivrée après la perception du tribut dit *hia-mang* 下 忙; c'est pourquoi des deux côtés elle porte la moitié des caractères 合 符 *ho-fou;* l'autre moitié se trouve sur les feuilles correspondantes.

在案今法國人尚無租住之地應即會勘等因隨經本道會同

法國領事府敏　勘定上海北門外南至城河北至洋涇浜西至關帝廟

褚家橋東至廣東潮州會館沿河至洋涇浜東角註明界址倘若地方不

敷日後再議別地隨至隨議其所議界內地憑

領事府隨時按照民價議租謹防本國人強壓廹受租值如若內地人民

違約昂價不照中國時價憑

領事府向地方官飭令該民人等遵行和約前錄之條欵至各國人如願

在界內租地者應向

該國領事商明辦理毋違特示

道光二十九年三月　十四　日示

監督江南海關兼管銅務分巡蘇松太兵備道加五級紀錄八次麟　為

曉諭事照得上海與

大法國通商昨准

領事府敏以道光二十四年九月經

欽差大臣兩廣總督部堂耆　等會同

欽差全權大臣喇　議

大清國與

大法國永遠友睦通商奏奉兩大國

上諭允准和約內載凡法蘭西人按照第二十二欵至五口地方居住無論人

數多寡聽其租賃房屋及行棧貯貨或租地自行建屋建行法蘭西人亦

一體可以建造禮拜堂醫人院周急院學房墳地各項地方官會同領事

官酌議定法蘭西人宜居住宜建造之地凡地租房租多寡之處彼此在

事人務須按照地方價值議定中國官阻止內地民人高擡租值法蘭西

領事官亦謹防本國人強壓廹受租值在五口地方凡法蘭西人房屋間

數地段寬廣不必議立限制俾法蘭西人相宜獲益倘有中國人將法蘭

西人禮拜堂墳地觸犯毀壞地方官照例嚴拘重懲等語久經各國遵行

PROCLAMATION OFFICIELLE ACCORDANT AUX FRANÇAIS

UNE CONCESSION A *CHANG-HAI* (1).

Nous, *Ling*, préposé aux douanes maritimes dans le *Kiang-nan*, en même temps chargé des affaires relatives au cuivre, intendant militaire de *Sou-tcheou, Song-kiang* et *T'ai-ts'ang*, promu de cinq grades et mentionné huit fois pour des actions méritoires, nous donnons la proclamation suivante :

On sait que *Chang-hai* est en relations commerciales avec la France ; or hier j'ai reçu une communication de M. de Montigny, Consul de France, dans laquelle il me dit ce qui suit : En l'année 24ᵉ de *Tao-koang*, à la 9ᵉ lune (Octobre 1844), M. *Ki*, commissaire impérial et vice-roi des deux *Koang* et autres, se sont réunis avec Mr. de Lagrené, Ministre plénipotentiaire de France, en vue de délibérer sur un traité de perpétuelle amitié et de commerce ; le traité conclu a été présenté des deux côtés à leurs Cours respectives, et celles-ci par un décret spécial l'ont approuvé. Or ce traité porte ce qui suit : Tous les Français qui, suivant l'article XXII (2), arriveront dans un des cinq (3) ports pour y habiter, quel que soit le nombre des personnes, pourront louer des maisons et des magasins pour y déposer des marchandises, ou bien ils pourront affermer des terrains pour y bâtir des maisons et des magasins. Les Français pourront également construire des églises, des hôpitaux, des hospices, des écoles et établir des cimetières. Les autorités locales, de concert avec le Consul, détermineront les quartiers les plus convenables pour la résidence des Français et leurs constructions. Le fermage des terrains et le loyer des maisons seront réglés de part et d'autre entre les parties intéressées, conformément aux prix locaux ; les autorités chinoises empêcheront les gens du pays d'exiger des prix trop élevés, et le Consul Français veillera à ce que ses nationaux n'usent point

---

(1) Les droits de la Concession française de *Chang-hai* sont fondés sur l'Art. X du traité de Canton de 1844, et sur la proclamation du *tao-t'ai* de *Chang-hai* donnée en Avril 1849. Avant de reproduire la formule de contrats de location sur la Concession, nous avons cru utile d'insérer ici le texte chinois de la proclamation ; nous le faisons d'autant plus volontiers, que ce texte, très intéressant pour des Français, est devenu, paraît-il, assez rare. Pour plus de détails sur cette question on peut lire la brochure : *Les origines de deux Etablissements Français dans l'Extrême-Orient, Chang-hai et Ning-po*, par M. Henry Cordier, Paris 1896. L'auteur y donne un bon nombre de documents inédits, précédés d'une introduction et accompagnés de notes explicatives.

(2) C'est une erreur de chiffres ; l'Article auquel il est fait allusion est l'Art. VI.

(3) *Canton, Amoy, Fou-tcheou, Ning-po* et *Chang-hai*.

de violence pour forcer les Chinois à baisser les prix, ou à se con-
tenter du prix qu'ils offrent. Le nombre des maisons et l'étendue
des terrains affectés aux Français dans les cinq ports, ne seront point
restreints à certaines limites, mais bien suivant les convenances et
les besoins des Français. Si des Chinois violaient ou détruisaient des
églises ou des cimetières français, les autorités locales devraient
arrêter les coupables et les punir rigoureusement suivant les lois.
[Tel est le texte de l'Art. du traité]. Depuis longtemps chacune des
nations s'y est conformée comme il conste par les archives, et cependant les Français, à présent, n'ont pas encore d'emplacement où ils
puissent affermer des terrains, et habiter. Il convient donc que sans
délai nous cherchions de concert un endroit convenable. [Telle est
la teneur de la lettre de M. le Consul]. Après la réception de cette
dépêche, nous *tao-t'ai,* de concert avec M. de Montigny Consul de
de France, avons examiné et arrêté un emplacement situé en dehors
de la porte nord de la ville de *Chang-hai,* lequel s'étend : au S.,
jusqu'au canal qui longe les murs de la ville; au N., jusqu'au canal
dit *Yang-king-pang;* à l'O. jusqu'aux localités nommées *Koan-ti-miao*
(pagode de *Koan-ti* ou du dieu de la guerre) et *Tchou-kia-kiao* (pont
de la famille *Tchou),* et à l'E., jusqu'au bord du *Hoang-p'ou* entre
l'édifice dit *Koang-tong-tchao-tcheou kong-koan* (maison de réunion
pour les gens de *Tchao-tcheou* de la province de *Koang-tong)* et
l'extrémité du canal dit *Yang-king-pang* (1). Ces limites ont été
clairement consignées dans les registres. De plus, nous sommes
convenus que, si le terrain désigné ci-dessus devenait un jour insuffisant, alors, après délibération commune, on en désignerait un autre;
et que la désignation par délibération commune aurait aussi lieu
toutes les fois qu'il serait nécessaire de marquer un nouveau terrain
(2). Quant aux terres situées dans l'emplacement aujourd'hui arrêté,
M. le Consul pourra, quand il le voudra, traiter de leur fermage au
prix courant parmi le peuple; mais il veillera à ce que ses nationaux
n'usent pas de violence pour contraindre les Chinois à baisser le prix
de location ou à recevoir le prix offert par eux; que si des Chinois,
contrairement à ce qui a été stipulé par le traité, élevaient leurs prix
au-dessus du prix courant parmi eux, M. le Consul s'adresserait aux
autorités locales, qui leur ordonneraient de se conformer à l'article
du traité ci-dessus transcrit. Quant aux individus des autres nations
qui voudraient louer des terrains à l'intérieur de la Concession, ils
devraient s'adresser au Consul Français, pour délibérer avec lui et
arriver à la conclusion de l'affaire. Que personne n'enfreigne cette
proclamation. Cette pièce est une proclamation spéciale.

Cette proclamation a été faite en l'année 29ᵉ de *Tao-Koang,* 3ᵉ
lune, 14ᵉ jour (6 Avril 1849).

---

(1) Ces limites ont été reculées plus tard au S. et à l'O.

(2) 隨 至 隨 議 *soei-tche soei-i* : Ceci n'est pas très clair; la phrase peut
aussi signifier «la délibération pour désigner le nouvel emplacement aura lieu
aussitôt que la demande nous sera parvenue».

大法國欽命駐劄上海甯波署理本國事務領事府伊

本領事查趙甲錢乙等實係該地之主必能租賣自專且所定議價銀俱

能得當是以諭令趙甲錢乙等並請天主堂司鐸各自畫押復查該地價

銀交清收清故亦親筆畫押並移請

大淸欽命二品頂戴江南海關蘇松太道兼署江蘇布政使司布政使吳

咸豐十一年四月　初　七　日　立

領事印　　　　　　　　　　　　　　　蓋印爲憑

道印

立永遠絕租地契 _{趙甲錢乙全到}

大法國領事府臺前情願將自己二十五保六圖能字圩號內基地共計_若干畝_{若干分}_{若干厘}_{若干毫絕租與}

天主堂永遠管業三面言定共作時值價規銀_{若干兩正}彼時銀地兩交各無

反悔其地自絕租之後任憑新業主自用或出租或絕租與_{趙錢等毫無}干涉每年新業主須出納租錢_{若干千文}常年至十二月中預付來歲租錢以抵完粮之用此係兩相情願各無異言恐後無憑立此絕租契存照

計開

東至_某　西至_某　南至_某　北至_某

絕租錢_{趙甲}

_{錢乙}

地保_某

FORMULE DE CONTRAT POUR LOCATION DE TERRAIN

SUR LA CONCESSION FRANÇAISE A *CHANG-HAI* (1)

Nous, *Tchao Kia* et *Ts'ien 1,* auteurs de ce contrat de location de terrain perpétuel et irrévocable, nous nous sommes présentés devant le Consul de France, pour lui faire savoir notre volonté arrêtée de donner en location à perpétuité à l'Église catholique notre terrain, mesurant *tant* d'arpents et fractions d'arpent, cadastré sous le lot du quartier qui porte le caractère *neng,* au 6ᵉ *t'ou* du 25ᵉ *pao.* Des deux côtés nous avons fixé que le prix courant et régulier de la location serait de *tant* d'onces d'argent; aujourd'hui même a eu lieu la remise du terrain et le paiement du prix, sans que de part et d'autre il y ait eu la moindre difficulté. A partir de cette location irrévocable, le terrain sera tout à fait à la disposition du nouveau propriétaire, qui en disposera à son gré, soit pour son usage, soit pour le louer à d'autres, et cela, soit révocablement, soit irrévocablement, sans que nous *Tchao* et *Ts'ien* ayons rien à y voir. — Seulement le nouveau propriétaire devra chaque année payer *tant* de milliers de sapèques comme prix de la location; par conséquent, tous les ans, dans le courant de la 12ᵉ lune, le locataire du terrain paiera le prix de la location pour l'année suivante qui servira au paiement du tribut. Tout ceci est bien la libre détermination des deux parties, et aucun de nous n'a là-dessus d'autres paroles; craignant que dans la suite on en manque de preuves, nous avons dressé cet acte de location irrévocable, qui sera conservé en témoignage.

Énumération de points à spécifier.

Les quatre limites sont: à l'E., jusqu'à..., et à l'O., jusqu'à...; au S., jusqu'à..., et au N., jusqu'à... Les deux auteurs du contrat et le *ti-pao* apposent leur signature.

APPROBATION DU CONSUL FRANÇAIS.

Nous, Édan, par décret du gouvernement Français Consul général intérimaire de *Chang-hai* et de *Ning-po,* avons constaté après examen que *Tchao Kia* et *Ts'ien 1* sont les vrais propriétaires du terrain ci-dessus décrit, qu'ils sont libres de le louer irrévocablement, et que le terrain vaut bien le prix convenu; c'est pourquoi nous avons d'une

---

(1) Cette forme de contrat était usitée au commencement, quand les gens du pays louèrent leurs terrains à des Européens; à présent les contrats sur la Concession sont dans le même style qu'en France; ils sont faits et enregistrés à la chancellerie du Consulat.

part enjoint auxdits *Tchao Kia* et *Ts'ien I,* et de l'autre, avons requis le Père missionnaire catholique, de signer cet acte; de plus nous avons constaté que le prix stipulé a été payé au complet par celui-ci et reçu par ceux-là; c'est pourquoi, après avoir apposé au contrat notre sceau et notre signature, nous avons envoyé cet acte à M. *Ou,* par décret Impérial de la présente dynastie décoré de la dignité du 2e degré avec droit au bouton correspondant, préposé aux douanes maritimes dant la province de *Kiang-nan,* intendant de *Sou-tcheou, Song-kiang* et *T'ai-ts'ang,* et par intérim trésorier général de la province de *Kiang-sou,* le priant d'y apposer aussi son sceau en témoignage.

En l'année 11e de *Hien-fong,* au 7e jour de la 1e lune cet acte a été dressé.

Le Consul et le *tao-t'ai* ont apposé leur sceau.

地道契式

批准登籍將其地整段分段或己或人另造房屋轉租華民居住若未領

兩國官憲允准憑據並每年不將每畝年租錢一千五百文預付銀號違

犯斯章者則此契作爲廢紙地卽歸官須至租地契者

咸豐十一年六月　　初一　　日　　給

道印　　　　　　　　　　　　地契　第幾號

　　　　　　　　　　　　　　租地　第幾分

用可也此批

同治　某年　某月　某日　趙甲　將所租　第幾分地　若干畝正轉與　孫丁　遵例租

道印

大清欽命監督江南海關分巡蘇松太兵備道吳

給出租地契事照得接准

大英國領事官麥　照會內開今據本國商人趙甲禀請在上海按和約所

定界內租業戶錢乙等地一段永遠租賃若干畝幾分幾釐幾毫北張田

南李界東大路西小浜給價每畝若干千文共若干千文其年租每畝一

千五百文每年預付銀號等因前來本道已飭業戶錢乙等將該地租給

該商收用務照後開各條遵行查核外國人按和約在界內租定地畝卻

不能由己便亦不得轉與別國未曾准住中國之人必須中國官憲與

領事官查視其租地貲房無足妨碍方准租住又查向議章程雖外國人

有通融得益之處但無准租地貲房與華民展轉貨賣若華民欲在界內

租地貲房須由領事官與中國官憲酌給蓋印憑據始可准行上列各條

倘該商並後代管業之人將來以其地轉與不禀明本國領事官並道憲

為

24

FORMULE DE CONTRAT DE LOCATION DE TERRAIN

SUR LA CONCESSION ANGLAISE A *CHANG-HAI*.

Nous, *Ou,* par nomination impériale de la dynastie *Ta-ts'ing* préposé aux douanes maritimes dans le *Kiang-nan,* intendant militaire de *Sou-tcheou, Song-kiang* et *T'ai-ts'ang,* donnons cette pièce pour délivrer un acte de location de terrain.

Nous avons reçu de M. *Mai* Consul d'Angleterre une dépêche officielle dans laquelle il nous fait savoir que M. *Tchao Kia,* négociant de sa nationalité, lui a présenté une pétition écrite, dans le but d'obtenir, conformément aux traités, la permission de louer à perpétuité un terrain de M. *Ts'ien 1;* le terrain contient *tant* d'arpents, et ses limites sont: au N., le terrain de M. *Tchang;* au S., l'extrémité des propriétés de M. *Li;* à l'E., la grande route; et à l'O., le petit canal; le prix de location est de *tant* par arpent, soit de *tant* pour tout le terrain; de plus, le loyer annuel à payer d'avance à la banque du gouvernement est de 1500 sapèques par arpent. Cette dépêche une fois reçue, nous avons ordonné au propriétaire *Ts'ien 1* de louer le susdit terrain au négociant susnommé, à condition cependant que l'on se conformât aux règles suivantes:

Attendu que, selon ce qui a été stipulé dans les traités, les étrangers ne peuvent pas disposer tout à fait à leur gré des terrains situés dans les Concessions; que par suite il ne leur est pas permis de louer à leur tour ces terrains à des étrangers qui n'ont pas encore droit de résidence dans l'Empire chinois; et que, s'ils veulent les louer à des étrangers ayant droit de résidence, il faut qu'auparavant le *tao-t'ai* et le Consul aient vu si la location de terrains ou de maisons qui s'y trouvent, ne présente pas d'obstacles et aient accordé la permission de louer le terrain et d'habiter les maisons; en outre, attendu que, quoique d'après les règlements antérieurs, les étrangers locataires de terrains sur les Concessions aient des privilèges assurés, cependant, d'après ces mêmes règlements, ils ne peuvent pas y louer des terrains et des maisons pour les céder ensuite à des Chinois; que si ceux-ci voulaient louer des terrains ou des maisons sur les Concessions, ils ne pourraient le faire qu'après avoir obtenu un permis écrit et signé par le Consul et le *tao-t'ai,* et ils devraient de plus faire enregistrer leur contrat par les deux autorités susdites:

1° Si le susdit négociant ou ses représentants venaient dans la suite à transmettre à d'autres le terrain loué, sans avoir au préalable averti par écrit le Consul d'Angleterre et le *tao-t'ai,* et en avoir reçu, après délibération commune, la permission [timbrée et scellée]; 2° si, soit sur le terrain en entier, soit sur une de ses parties, le locataire du terrain lui-même, ou d'autres, venaient à y bâtir des maisons, et à les louer à des Chinois pour en faire leur habitation, sans avoir préalablement obtenu la permission [écrite et timbrée] des deux autorités anglaise et chinoise; 3º et si chaque année le locataire du terrain ne payait pas d'avance à la banque du gouvernement le loyer annuel de 1500 sapèques par arpent;—dans chacun de ces trois cas, cette pièce serait de nulle valeur, et le terrain loué rentrerait sous la propriété des autorités [chinoises].—Cette pièce est un acte fait pour louer un terrain.

L'acte a été délivré le 1ᵉʳ de la 6ᵉ lune de l'année 11ᵉ de *Hien-fong*.

N. du lot *tant*.

N. de l'acte *tant*.

Sceau du *tao-t'ai*.

Sur son second sceau le *tao-t'ai* note que le terrain, lot N. *tant*, primitivement loué par l'acte N. *tant*, mesurant *tant* d'arpents, au jour... de la lune... de l'année... de *T'ong-tche*, a été loué, conformément aux règlements, par M. *Tchao-Kia* à M. *Suen Ting*.

APPENDICE.

—⊨·✳·⊨—

RÈGLES A SUIVRE DANS LE PAIEMENT ET LA

RÉPARTITION DES HONORAIRES DES ENTREMETTEURS.

Les actes relatifs au domaine légal, comme il a été dit dans la première Partie de cet ouvrage, et comme on a pu le voir dans les différents modèles donnés ci-dessus, sont signés par des entremetteurs, des agents locaux de l'autorité, et par un secrétaire. Toutes ces personnes sont généralement rémunérées en argent pour leur concours, et la somme à distribuer parmi les entremetteurs, soit principaux, soit secondaires, est appelée *tchong-kin* 中 金. Cette somme est fixée et distribuée conformément à des coutumes locales qui varient d'un lieu à l'autre; de plus la coutume locale est quelquefois modifiée d'un commun accord par les parties contractantes.

Quoi qu'il en soit de ces divergences, les coutumes sont assez semblables dans leurs points les plus importants; ne pouvant pas donner ici, on le comprend bien, la coutume, telle qu'elle est suivie dans toutes les villes et les campagnes de cette province, et moins encore dans toute la Chine, nous voulons au moins donner à la suite celle qui est suivie dans les villes de *Sou-tcheou, Song-kiang* et *Chang-hai,* et dans les Concessions européennes de cette dernière ville; pour cela, nous avons traduit, en l'abrégeant un peu, l'Appendice ajouté à l'ouvrage 契 券 彙 式 dont il est fait mention dans la Préface.

§ I. RÈGLES SUIVIES DANS LA VILLE DE *SOU-TCHEOU*

POUR LES VENTES DE TERRES ET DE MAISONS.

1. Dans la ville, la vente irrévocable et le contrat d'antichrèse sont seuls en usage; la vente révocable n'y est pas employée.
2. Pour les susdits contrats, les honoraires des entremetteurs sont en proportion du prix des propriétés; le vendeur doit retrancher 2% du prix de vente, et l'acheteur doit en ajouter 3%, soit en tout 5% du prix; de plus, de cette somme on ne prend que les 8%; ce qui fait que la somme à distribuer n'est que 4% du prix de vente. Par exemple, le prix de vente étant de 100.000 sapèques, les honoraires des entremetteurs sont de 4000 sapèques, dont 1600 données par le vendeur, et 2400 par l'acheteur; bref, le vendeur doit donner 1,6% du prix, et l'acheteur, 2,4%.

3. Si les deux parties contractantes ont chacune leurs entremetteurs principaux et secondaires, les honoraires des entremetteurs sont divisés en deux parties égales, chaque contractant en recevant une, qu'il se charge de distribuer parmi ceux qu'il a invités.

4. Les entremetteurs principaux et secondaires de chaque partie contractante divisent la somme reçue en dix parts, dont sept sont adjugées aux entremetteurs principaux, et trois aux secondaires; les uns et les autres, quel que soit leur nombre, se partagent également la somme qui leur revient: par exemple, si la somme due aux entremetteurs du vendeur est de 2000 sapèques, 1400 sapèques sont partagées entre les entremetteurs principaux, et 600 entre les secondaires; s'il n'y avait qu'un seul entremetteur principal, il prendrait pour lui seul les 1400 sapèques.

5. Si cependant les entremetteurs secondaires étaient trop nombreux, et que la somme à distribuer entre eux fût trop faible, on pourrait alors engager l'entremetteur principal à céder un peu de sa part, ou bien on prierait l'acheteur d'ajouter quelque chose; mais cet usage n'est pas toujours suivi.

6. Il y a des cas dans lesquels chaque contractant se charge de payer les entremetteurs qu'il a employés pour le contrat; c'est-à-dire que le vendeur distribue entre ses entremetteurs 1,6% du prix reçu, et l'acheteur en fait autant avec les siens des 2,4% du prix convenu; puis les entremetteurs se partagent entre eux la somme reçue conformément à ce qui a été dit au n. 4.

7. Le secrétaire devant être invité par le vendeur, c'est à celui-ci de le rémunérer. La somme à lui donner varie en proportion du prix de vente; cependant il n'y pas là-dessus de règle fixe; on lui donne plus ou moins selon que sa renommée et son honorabilité sont plus ou moins grandes. Parfois, au lieu d'argent, on lui donne des cadeaux; de plus, quand le secrétaire est un homme très estimé dans la contrée, l'acheteur de son côté lui offre aussi des cadeaux, soit en argent, soit en nature, pour le rémunérer.

8. Il y a encore des cas où l'on stipule que le prix net à recevoir pour le vendeur sera de *tant*, et que les frais d'entremetteurs seront tous à la charge de l'acheteur. Dans d'autres cas, au contraire, ce sera l'acheteur qui se chargera de payer les entremetteurs; mais cette manière de faire est moins usitée.

9. Quand les parties contractantes sont des gens du pays, on n'invite pas l'agent public du fisc *king-tsao* 經 造, pour être entremetteur et signer le contrat; mais si l'acheteur est inconnu dans le pays, il faut l'inviter à être témoin du contrat et en signer l'acte. — Après avoir fait en règle l'acte du contrat, il faut se servir du même agent public du fisc pour le faire enregistrer par l'autorité, et pour en obtenir le transfert de nom de propriétaire.

§ II. RÈGLES SUIVIES DANS LA VILLE DE *SOU-TCHEOU*

POUR UNE LOCATION DE MAISON.

1. Dans l'intérieur de la ville le *petit loyer* (n. 90) n'est pas en usage.

2. Les honoraires des entremetteurs se composent de plusieurs quantités dites 費 *fei,* égales aux 8% du prix annuel de location; ainsi, si le loyer est de 100.000 sapèques par an, le *fei* sera de 8.000 sapèques.

3. Les honoraires des entremetteurs que le locataire doit donner ne peuvent pas dépasser cinq *fei,* c'est-à-dire 40% du loyer annuel. Cette somme est divisée en quatre portions, dont la première dite *nei-fei* 內 費 est de 14%, la seconde dite *wai-fei* 外 費 est aussi de 14%; la troisième dite *ta-tsing* 大 進 est de 8% et la dernière dite *siao-tsing* 小 進 est de 4%.

4. La portion *nei-fei* est partagée entre les divers procureurs du propriétaire; quelquefois cependant le maître en prend aussi sa part. Si dans la maison il n'y a pas de procureur, le maître prend pour lui seul toute la somme.

5. La portion *wai-fei* est partagée entre les entremetteurs principaux et secondaires; des dix parties de cette somme, sept sont prises par les premiers, et trois par les seconds.

6. La portion *ta-tsing* est prise par le propriétaire, mais à la fin de la location, il doit la rendre au locataire sortant. Si lors du déménagement il y avait des questions à régler, qui demandassent l'intervention des entremetteurs, et qu'il fallût pour cela faire quelques dépenses, elles seraient prises sur la portion *ta-tsing;* s'il en restait quelque chose, ce serait rendu au locataire sortant.

7. La portion *siao-tsing* est distribuée entre les gens de service du propriétaire.

8. Pour que les honoraires des entremetteurs atteignent 40% du prix annuel de location, il faut que la maison soit située dans une rue bien fréquentée, comme dans les endroits nommés *Tch'ang-men* 閶 門, *Tchong-che* 中 市 *Koan-ts'ien* 觀 前, etc.; autrement, ladite somme est diminuée en proportion du lieu que la maison occupe; cependant les portions *nei-fei* et *wai-fei* doivent monter chacune au moins à 8% du loyer annuel.

9. Si lors de la confection du contrat, le locataire payait les portions dites *ta-tsing* et *siao-tsing,* il faudrait le noter clairement sur l'acte du contrat; s'il ne payait aucune de ces deux portions, ou qu'il payât seulement l'une d'elles, il faudrait noter sur l'acte que la remise a été faite par bienveillance.

10. Pour louer une maison, il faut quelquefois présenter un garant; les honoraires à lui donner, s'il y a lieu, ne sont pas compris dans les frais ci-dessus mentionnés; c'est au locataire à s'entendre à l'amiable avec lui.

11. Si le locataire avait des compatriotes, des parents ou des amis, qui fussent connus du propriétaire, et qui voulussent accepter la charge d'entremetteurs et de garants, alors l'invitation de l'agent public du fisc *king-tsao* 經 造 ne serait pas nécessaire; mais si le propriétaire ne connaissait pas le locataire, ni sa provenance, etc., alors il faudrait inviter ledit agent pour signer le contrat et s'en porter garant.

12. Quand les locataires sont des mandarins en expectative d'une charge, *heou-p'ou* 候 補, les frais indiqués ci-dessus n'ont pas lieu; ils paient seulement au propriétaire un mois de loyer dit «argent de balayage» *ta-sao-ts'ien* 打 掃 錢, et ils en donnent à peu près autant aux entremetteurs; en dehors de ces deux sortes de dépenses il n'y en a pas d'autres à faire.

§ III. RÈGLES SUIVIES DANS LA VILLE DE *SONG-KIANG* POUR LA VENTE DE TERRES ET DE MAISONS.

1. Dans l'intérieur de la ville de *Song-kiang,* quand il s'agit d'une vente révocable ou d'un contrat d'antichrèse, les honoraires des entremetteurs sont payés par l'acquéreur en dehors du prix, et montent à 3% du prix pour les ventes ou antichrèses de terrains, et à 4% pour celles de maisons.   Par exemple, si le prix est de 100.000 sapèques, lee honoraires des entremetteurs seront de 3000 ou 4000 sapèques respectivement.

2. Quand il s'agit d'une vente irrévocable, soit de terrains, soit de maisons, les honoraires des entremetteurs sont de 10% du prix de la vente. Si, par exemple, le prix était de 100.000 sapèques, les honoraires des entremetteurs seraient de 10.000 sapèques.

3. Alors même qu'en un seul jour on écrirait les trois actes dits vente révocable, complément de prix et vente irrévocable (n. 30), les honoraires des entremetteurs monteraient à 10% des sommes en question dans les trois actes réunis.

4. Si cependant le prix d'une vente dépassait 1000 onces d'argent, les honoraires des entremetteurs seraient réduits à 8%, 6% et même à 5%, en raison inverse de l'excès du prix; de plus, les honoraires des entremetteurs sont moindres quand l'acquéreur est de la classe élevée que s'il est de basse classe.

5. Les honoraires des entremetteurs sont divisés en cinq parts; la première pour les entremetteurs principaux; la seconde pour les entremetteurs secondaires; la troisième pour le chef de groupe des familles *pao-tcheng* 保 正; la quatrième pour l'acquéreur, et la cinquième pour le vendeur: ces deux derniers subdivisent leur part en deux parties égales dont ils donnent l'une aux entremetteurs principaux, et l'autre au secrétaire.

6. Il y a cependant des cas où les honoraires des entremetteurs sont divisés en trois parts; la première pour les entremetteurs principaux, la seconde pour le chef de groupe de familles, et la troisième partagée également entre le secrétaire et les entremetteurs secondaires.

§ IV. RÈGLES SUIVIES DANS LA VILLE DE *SONG-KIANG*

POUR LES LOCATIONS DE MAISONS ET DE TERRES.

1. Dans la ville de *Song-kiang,* le petit loyer (n. 90) n'est pas en usage; du côté du locataire ce sont des parents ou des amis qui remplissent l'office de secrétaire, d'entremetteurs et de garants, et il n'y pas de règle fixe quant à leur rémunération; généralement on se contente de leur faire des cadeaux en nature, comme un jambon, un grand vase de vin, des gâteaux, etc.

2. La somme d'argent que le locataire doit payer au chef de groupe de familles *pao-tcheng* 保 正 dépend du chiffre du loyer. Si, par exemple, le loyer annuel était de 100.000 sapèques, l'argent à lui donner en serait le 100ᵉ; s'il était de 10.000 sapèques on lui en donnerait 4%; bref, plus le loyer est élevé, plus la proportion à donner au chef de de groupe est faible.

3. Quand un propriétaire ne possède que le fond d'un terrain, dont la surface est possédée par d'autres, ce qu'il faut faire pour le loyer est expliqué dans la Iᵉ Part. n. 76.

4. On explique aussi au même endroit, n. 77, la conduite à tenir par le propriétaire de la surface qui la vend à un autre.

5. Un fermier louant un champ, doit payer les frais de l'acte d'affermage: quant à la somme à débourser, elle est réglée d'après la qualité du champ, et aussi d'après la nature du contrat, selon qu'il y a ou non des arrhes.

6. Quand le champ est de première qualité, et qu'il est stipulé qu'on donnera des arrhes, les frais du contrat sont de 600 à 700 sapèques pour chaque *che* 石 du fermage nominal; si le terrain était de qualité inférieure, il suffirait de 100 sapèques par *che.*

7. Quand le fond et la surface des terres appartiennent au même propriétaire, les frais du contrat de fermage sont plus considérables. Si, par exemple, le terrain était de première qualité, pour chaque *che* du fermage nominal, il faudrait débourser 1.000 sapèques. La somme déboursée par le fermier est divisée en quatre parts égales; le chef de groupe de familles, *pao-tcheng* 保 正, en prend une, les procureurs du propriétaire se partagent la seconde; et les domestiques en font autant pour les deux autres.

8. Les entremetteurs, les garants et le secrétaire d'un contrat de fermage ne reçoivent pas d'honoraires.

§ V. RÈGLES SUIVIES A *CHANG-HAI* POUR LES VENTES

DE TERRAINS ET DE MAISONS.

1. A *Chang-hai,* les honoraires des entremetteurs d'une vente, soit de terrains, soit de maisons, sont de 10% du prix de la vente, en dehors du prix payé par l'acquéreur. Si cependant le prix dépassait 1000 onces d'argent, les honoraires des entremetteurs seraient réduits à 7%, 6%, 5%, et même 4%, selon que le prix de vente est plus élevé.

2. Ces frais sont divisés en trois parties égales dites: part des entremetteurs, part de l'acquéreur et part du vendeur. La première est donnée aux entremetteurs principaux; la seconde, celle de l'acqué-reur, est subdivisée en trois portions égales, dont la première est donnée au secrétaire, la seconde divisée dans la proportion de 0,6 et 0,4 entre l'agent public du fisc, *t'ou-chou* 圖 書, et le petit agent de circuit local, *siao-kia* 小 甲; et la troisième, répartie entre les entre-metteurs secondaires et les divers procureurs de la maison. S'il n'y avait pas eu d'entremetteurs secondaires, ou si l'acquéreur n'avait pas de procureur, l'acquéreur garderait cette troisième portion de sa part. Enfin la part du vendeur est répartie entre les entremetteurs employés de son côté et ceux de ses parents qui, étant présents, auraient signé le contrat. S'il n'y avait eu ni entremetteurs secon-daires, ni parents qui eussent signé le contrat, le vendeur garderait pour lui cette part qui porte son nom.

§ VI. RÈGLES SUIVIES A *CHANG-HAI* POUR LA

LOCATION DE MAISONS.

1. A *Chang-hai,* quand une maison est louée, il est d'usage, qu'en dehors du loyer annuel le locataire paie le *petit loyer* (n. 90), qui est de 1% du loyer annuel.

2. Le petit loyer est réparti par portions inégales entre les divers procureurs du propriétaire, et ses gens de service; quelquefois cependant il est gardé par celui des procureurs qui est chargé de l'intérieur de la maison.

3. Les frais de l'acte de location sont payés par le locataire; ils sont de 10% du loyer annuel, et sont divisés en trois parts; la pre-mière est pour les entremetteurs principaux, la seconde pour le propriétaire de la maison, et la troisième pour le locataire.

4. Les entremetteurs principaux partagent leur allocation avec ceux qui ont aidé à la conclusion du contrat.

5. La part du propriétaire est distribuée inégalement par celui-ci parmi ses procureurs et ses gens de service.

6. La part du locataire est distribuée par celui-ci entre ses procureurs et ses gens de service; ou bien, il la garde pour lui seul.

25

7. En outre des honoraires des entremetteurs le locataire doit encore débourser 10% du loyer annuel, dont 0,4 sont donnés à l'agent public du fisc, *t'ou-chou* 圖書, et 0,6 au petit chef du circuit local, *siao-kia* 小甲.

8. Le secrétaire reçoit aussi 1% du loyer annuel.

9. L'argent dit «sapèques pour ouvrir la serrure» est donné à un domestique du propriétaire; c'est ordinairement de 100 à 200 sapèques; pour un loyer très élevé, on ne donnerait pas plus de 500 à 600 sapèques.

§ VII. RÈGLES SUIVIES SUR LES CONCESSIONS EUROPÉENNES DE *CHANG-HAI* POUR LA LOCATION DE MAISONS.

1. Il est d'usage de payer tous les ans le *petit loyer* en sus du loyer annuel; il est de 1% de celui-ci.

2. Les honoraires des entremetteurs pour la location sont de 10% du loyer annuel. Cette somme est divisée en deux portions; la première est partagée égalementre les procureurs du propriétaire, et la seconde entre le secrétaire et les entremetteurs. Le *ti-pao* 地保 ne reçoit rien

§ VIII. RÈGLES SUIVIES AUX ENVIRONS DE *ZI-KA-WEI* près *CHANG-HAI* POUR UNE VENTE, SOIT DE MAISONS, SOIT DE TERRES.

1. Les honoraires des entremetteurs, à charge de l'acheteur, sont ordinairement de 10% du prix de vente; mais si ce prix est très élevé, ils peuvent n'en être que de 7%, 6%, 5% ou même 4%.

2. Sur la part des entremetteurs on prend d'abord 1% pour le secrétaire; le reste est divisé en quatre portions : la première pour les entremetteurs principaux; la seconde pour l'agent public du fisc, *ti-pao* 地保; la troisième pour l'acquéreur et la quatrième pour le vendeur (1). Si, par exemple, le prix du contrat est de 100,000 sapèques, l'argent des entremetteurs est de 10.000; sur ce nombre, 1.000 sont pour le secrétaire, et les quatre autres classes de personnes ci-dessus indiquées en prennent chacune 2250.

---

(1) Le vendeur et l'acquéreur payeront avec cet argent les entremetteurs secondaires, parents, etc., qui auront signé le contrat.

INDEX

DES EXPRESSIONS TECHNIQUES

CONTENUES

DANS LE CORPS DE L'OUVRAGE.

→=|•*•|=←

K

糠 K'ang, n. 130.
計開 Ki-k'ai, p. 100, (1).
棄主 K'i-tchou, n. 14.
契尾 K'i-wei, n. 61.
加找 Kia-tchao, n. 25.
加找契 Kia-tchao-k'i, nn. 25, 30.
加絕 Kia-tsiué, n. 28.
加絕契 Kia-tsiué-k'i, n. 30.
界灰 Kiai-hoei, n. 8.
江海關官銀號 Kiang-hai-koan-koan-yn-hao, n. 106.
江西庫寶 Kiang-si-k'ou-pao, n. 115.
江心突派 Kiang-sin-t'ou-tchang, n. 68.
間 Kien, p. 168, (1).
見賣 Kien-mai, n. 16.
九八荳規銀 Kieou-pa-teou-koei-yn, n. 117.
九八銀 Kieou-pa-yn, n. 117.
九八元 Kieou-pa-yuen, n. 117.
斤 Kin, n. 144.
斤兩法 Kin-liang-fa, n. 150.
金條 Kin-tiao, n. 110, (1).
金葉子 Kin-yé-tse, n. 110, (1).
經造 King-tsao, n. 17.
捐據 Kiuen-kiu, n. 31.
軍田 Kiun-t'ien, n. 49.
割籐 Ko-teng, p. 140, (1).
貫 Koan, n. 172.
關平 Koan-p'ing, n. 141.
關平銀 Koan-p'ing-yn, n. 142.
官尺 Koan-tch'e, n. 154.
官牙 Koan-ya, n. 18.
挂 Koei, n. 137, (1).
圭 Koei, n. 130.
規銀 Koei-yn, n. 119.
弓 Kong, n. 155.
弓手 Kong-cheou, n. 17.
公估 Kong-kou, n. 111.
公平 Kong-p'ing, n. 111.
故土復生 Kou-t'ou-fou-cheng, n. 68.
穀租 Kou-tsou, n. 83, 2º.

庫平 K'ou-p'ing, n. 140, 142.
庫平銀 K'ou-p'ing-yn, n. 142.
粿 ou 稞 Kouo, n. 130.
過戶 Kouo-hou, n. 32.
過割 Kouo-ko, n. 32.
過投 Kouo-teou, n. 78.

L

攬種票 Lan-tchong-p'iao, n. 81.
老龍泉碼價 Lao-long-ts'iuen-ma-kia, n. 166.
粒 Li, n. 130.
釐 ou 厘 Li, nn. 137, 138, 139, 153, 155, 159.
里 Li, n. 158.
里排 Li-p'ai, n. 73.
兩 Liang, n. 137.
糧戶 Liang-hou, n. 74.
糧差 Liang-tch'ai, n. 17.
糧田 Liang-t'ien, n. 75.
淋尖 Lin-tsien, p. 152, (2).
零 Ling, n. 4.
領戶冊 Ling-hou-tch'é, n. 94.
龍泉 Long-ts'iuen, n. 167.
蘆課田 Lou-k'ouo-t'ien, p. 100, (2).
蘆課銀 Lou-k'ouo-yn, n. 46.

M

賣主 Mái-tchou, n. 14.
買主 Mài-tchou, n. 14.
忙銀 Mang-yn, n. 43.
畝 Meou, n. 159, p. 86.
米租 Mi-tsou, n. 83. 1º.
米銀 Mi-yn, n. 49.
渺 Miao, n. 137.
緡 Min, n. 137, (1).
漠 Mo, n. 137.
木尺 Mou-tch'e, n. 154.

N

南京木碼價 Nan-king-mou-ma-kia, n. 171.
埃 Ngai, 137.

TABLE DES MATIÈRES.

www.ingramcontent.com/pod-product-compliance
Lightning Source LLC
Chambersburg PA
CBHW070523200326
41519CB00013B/2915